股市赢利
必读书

股票作手
操盘术

[美] 杰西·利弗莫尔◎著　马立敏　滕少鹏◎译

（全译版）

湖南文艺出版社
HUNAN LITERATURE AND ART PUBLISHING HOUSE

博集天卷
CS-BOOKY

图书在版编目（CIP）数据

股票作手操盘术：全译版 /（美）利弗莫尔（Livermore, J.）著；马立敏，滕少鹏
译 . — 长沙：湖南文艺出版社，2015.8
书名原文：How to trade in stocks
ISBN 978-7-5404-7231-3

Ⅰ . ①股… Ⅱ . ①利… ②马… ③滕… Ⅲ . ①股票交易—基本知识
Ⅳ . ① F830.91

中国版本图书馆 CIP 数据核字（2015）第 149047 号

上架建议： 投资理财

股票作手操盘术：全译版

作　　者：［美］杰西·利弗莫尔
译　　者：马立敏　滕少鹏
出 版 人：刘清华
责任编辑：薛　健　刘诗哲
监　　制：毛闽峰　李　娜
特约编辑：谢晓梅
封面设计：仙境设计
版式设计：崔振江
出版发行：湖南文艺出版社
　　　　　（长沙市雨花区东二环一段 508 号　邮编：410014）
网　　址：www.hnwy.net
印　　刷：北京嘉业印刷厂
经　　销：新华书店
开　　本：787mm × 1092mm　1/16
字　　数：111 千字
印　　张：11
版　　次：2015 年 8 月第 1 版
印　　次：2015 年 8 月第 1 次印刷
书　　号：ISBN 978-7-5404-7231-3
定　　价：29.80 元

质量监督电话：010-59096394
团购电话：010-59320018

前言

　　杰西·利弗莫尔的投机生涯在所有投机模式中都算得上极佳的典范。年轻时的他像彗星一样闪过投机界的天际，身为百万富翁中的"拼命三郎"而广为人知。自此以后，他便一直是公众眼中股票界响当当的人物。

　　他确实是"拼命三郎"。有那么几次，他的大手笔让整个华尔街目瞪口呆。在投机这件事上，他非常有天赋。然而，他从来不依靠撞大运获得市场操作上的成功。每一次采取行动之前，他都反复研究，像女性一样有耐心。

　　在 40 年的时间里，杰西·利弗莫尔狂热地研究美国及世界各地的经济状况。他怀揣梦想，自己钻研、与人讨论，他在投机市场交易，也在投机市场生活。他的世界就是价格浮动的世界，他科学、正确地预测着价格的走势。

能结识一些我们这个时代最伟大的投机家，近距离观察他们丰富多彩的生活，这真是我莫大的荣幸。无论从智力还是天赋上看，我都认为杰西·利弗莫尔是 19 世纪末 20 世纪初最伟大的投机家和市场分析家。在我以前的一本书中，我曾表达过这样的观点：他可能会变得一穷二白，贷款也贷不到多少，他就把自己关在屋子里，守着他的股票行情报价器。只要市场能再次活跃起来，不出几个月，他就能获得新的财富。[1] 这足以证明他的天才。

在 15 岁那年，他做出了人生中的第一个壮举，那是他第一次从股市中赚到钱。当他把一沓 5 美元面值的纸币倒在母亲腿上时，母亲是如此惊讶——那沓纸币足有 1000 美元 [2]。那是他从股市中零星赚到的。

他一边在一家经纪公司做报价员，一边用一年时间完成了一个四年的数学课程[3]，这是他的第二个壮举。从此以后，他对市场的嗅觉日

---

[1] 利弗莫尔一生四起四落，每次都像巨人一样卷土重来，除了晚年。

[2] 19 世纪末 20 世纪初，20 美元约为 1 盎司黄金，1 盎司约 28.3 克，每克市价大概相当于现在的 300 元人民币。这样算下来，当时的 1 美元相当于现在 400~500 元人民币，5 美元相当于现在两三千元人民币，1000 美元则相当于现在的四五十万元人民币。

[3] 关于杰西·利弗莫尔的另一本书《股票作手回忆录》(湖南文艺出版社) 中说道，他是在小学时学的数学，小学毕业后才到经纪公司工作。但那个说法经过了记者利非弗的转述，这个说法则出自杰罗姆。

趋敏锐。对于那些热衷于这本小书中投机学的人来说，即便他们对敏锐嗅觉不感兴趣，至少阅读本书会是一次令人惊奇的旅行。

原因是非常明显的。每一个伟大的投机家都有自己的操作方法，都有自己的研究方式，在甘愿冒险撒出大把金钱的基础上得出结论。人们把这些方法藏得严严实实的，就像对待国家机密一样，有时候是出于虚荣或忌讳，但更多的时候是怕人学会，这个原因很现实。

所以，当坦率的杰西·利弗莫尔拉开幕布，揭开真相，公开他结合时间和价格来推算股市行情的规则时，他成了那个年代顶级投机家中的焦点人物。他真大胆哪！他把40年的投机研究成果放在了读者面前。

这是一个超级操盘手传奇一生的新篇章。

——爱德华·杰罗姆·戴斯

目录 Contents

5500

5000

4500

第一章

投机者面临的诸多挑战

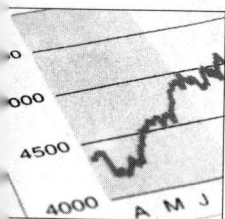

　　投机是世界上最令人着迷、最有魔力的一种游戏。但是对于愚蠢的人、懒惰的人、精神不正常的人，还有企图一夜暴富的人来说，它不是游戏，他们是不能玩的，不然他们会变得一贫如洗。

投机是世界上最令人着迷、最有魔力的一种游戏。但是对于愚蠢的人、懒惰的人、精神不正常的人，还有企图一夜暴富的人来说，它不是游戏，他们是不能玩的，不然他们会变得一贫如洗。

　　在很长的一段时间里，我很少出席晚宴，因为每当这时，总有陌生人走过来和我打招呼，嘘寒问暖一番后，便开始询问："我怎么样才可以在市场中赚到钱呢？"年轻的时候我还会耐着性子向他们解释，一个人想简单快速地从市场上赚钱是不太现实的，就算一开始小有收获，接下来也会面临各种各样的困难；或者我会想出一个恰当的理由，赶紧脱离困境。最近这些年我的回答只有一句，那就是："我不知道。"

　　面对这些人，你是很难耐住性子的。首先，这样的问法对于一个已经在投资和投机科学研究领域小有成就的人来说，实在算不上恭维。我觉得这样问无异于一个外行去问律师或者外科医生："我怎样才能从法律方面或者外科手术方面快速赚钱呢?"

然而，我到底还是确信，对于大多数对股票市场投资和投机感兴趣，并有志从事和研究相关行业的爱好者来说，如果他们有一个向导或者指路牌为其指出正确的方向，他们一定会有所收获。这本书正是为这些人而写的。

我写这本书的目的在于突出我一生当中从事投机事业的一些经历，其中包括失败的经历和成功的经历，还有每段经历给我带来的经验教训。其中处处体现了我的交易中的时间因素理论，我将其视为投机成功的最重要的因素。

但在进一步展开之前，我必须警告大家："一分耕耘，一分收获。"成功的果实和你的努力、认真与诚实成正比，同时你还不能停止做行情记录，要独立思考，独立判断。如果你还算明智，你就不会读完一本叫《如何保持体形》的书后把锻炼这件事假手于人。所以，如果你真心想要遵守我的准则，你也不能把做行情记录这件事情委托给别人。我的准则是将时间因素和价格因素结合在一起，在随后的章节里，我会一一介绍。

"师父领进门，修行在个人。"如果通过我的引导，你在股票市场能赚得多、赔得少 [1]，那我将十分欣慰。

这本书不是所有人都能读，我的读者必须喜欢投机。在我多年来作为投资者和投机家的生涯中，我已经获得了很多观点和想法，关于这些，我只会和他们详述。无论是谁，只要想做股票，就应该将交易当作一桩严肃的生意，并且以对待严肃生意的态度去对待它。你不能像大多数人那样，只是把它当作一种纯粹的赌博。

如果我说得没错，"投机本身就是一桩严肃的生意"这个前提成立，那些从事这项生意的人就应该下定决心努力去了解和理解它，充分利用任何数据信息，提高自己的境界。在过去的40年里，我致力于把投机变成一项成功的事业，我已经发现了适用于这一行业的规律，我还要继续发现新的规律，以便更好地适应这一行业。

多少个夜晚，我躺在床上辗转反侧，难以入眠，反反复复地思考：为什么我没能预测到行情？第二天我早早醒来，脑海中有了新的成形的想法。为了核查历史行情记录，验证这个新想法是否有效，我几乎等不到天亮。在大多数情况下，这些新的想法都很不正确，但好在我的想法里总有一些是正确的，而且这些正确的想法已

---

[1]没有任何一种方法能够100%预测准确。利弗莫尔称自己的方法正确率为七成。不过，这就够了。

经储存在我的潜意识当中了。如果之后我又有新想法，我也会立即对它进行核查检验。

随着时间的推移，我脑海中各种各样的想法开始变得明确、具体，于是我逐渐开发了一套切实可行的保持行情记录的方法，把行情记录当作我的指引者。

让我满意的是，我的理论和实践都向我证明了一点：在证券、期货的投机、投资领域，从来没有什么新鲜事。有时必须出手，而另一些时候，则绝对不能。有一条非常正确的谚语："你可以赢得一场赛马比赛，但你不能赢得所有赛马比赛。"这条谚语同样适用于市场操作。投资或投机股票以获得利润是可以的，但钱不能在这一年当中日复一日、周复一周地用来交易，那是不可能获利的，我们也不能这样做，只有愚蠢、蛮干的人才会这样做。[1]

为了投资或投机成功，我们必须形成一个自己的观点，目的是对股票下一刻的动向做出判断。投机就是预估即将到来的市场动作。为了准确地预估，我们必须要有一个确切的依据。举个例子，一则确切的新闻已经公开，站在市场的角度，你自己去分析它可能会对市场造成什么样的影响。你要尽力预估这则特别的消息在投资

---

[1]利弗莫尔可能一年也不出手一次，出手则多胜。他聪明的地方之一是知道自己在什么候不能进场。

大众中所产生的心理效应，特别是那些从心底对投资感兴趣的投资人。如果你能从市场角度看出一个明确的涨跌结果，不要轻易相信自己的判断，要等待市场验证，因为市场变化并不像你以为的那么明确并且容易掌握。为了说清楚点，我们举个例子：市场已经熊或牛一段时间后，一则助涨或者助跌的新闻对市场产生的影响可能微乎其微，此时的市场可能处于超买或者超卖的状态，在这种情况下，那则新闻产生的影响就会被忽略。此时此刻，过去相同情况下的行情记录对于投资者或投机者来说就有难以估量的价值了。

这时，你必须完全忽略个人的想法，严格地、全身心地集中精力于市场的动作。

我们的观点经常出错，但市场永远不会错。对于投资者或投机者来说，除非市场是根据你个人的想法运作的，否则个人想法一点价值都没有。在今天，没有任何人或者团体能够人为地制造或者打破一个市场。

有人还会经历这种事：他看多或看跌某一股票，认为它会大幅上涨或下跌，而且他的看法是正确的，但他还是会损失很多钱，只是因为他过早地将想法付诸行动了。[1] 他完全相信自己的看法是正

---

[1] 利弗莫尔认为时间是极其重要的，在错误的时间做正确的事情是灾难性的。

确的，快速地采取了行动，但在他下单之后，股票却逆动了。市场变得越来越狭窄，他也疲惫了，于是匆忙退场。或许几天之后，市场会慢慢变得正确、对路子，他又重新采取行动，但不久之后，市场又再次逆动。他再次怀疑自己的想法，并将股票清仓。终于，行情好转，但因为之前太轻率，又发生了两次错误事件，他失去了勇气。也可能他在别的市场建了仓位，没办法再在这个市场投资了。他过早地进入了市场，而当市场真正运作起来时，他已经不在场了。

在这里，我要强调的是，在对某只股票或某些股票形成确切的看法之后，不要急于投入，要等待并观察它或者它们的市场动作。一定要有确切的依据后再行动。举例来说，某只股票当前的交易价格为 25 美元，该股票的价格在 22~28 美元的区间内已经维持相当长的一段时间了。假设你认为这只股票最终会卖到 50 美元，在它的成交价格为 25 美元时，你需要耐心地等待，直到股票变得活跃，价格上升到一定的高度。比如它涨到了 30 美元[1]，在这种市场情况下，你才能确定你的想法被验证了。这只股票一定有非常强劲的势态，否则它不可能涨到 30 美元。只有出现这种情况之后，也就是市场运作已经露出端倪，才能真正说明其有一个非常明确的前景。这时才是你下定论的时候。不要因为自己没在 25 美元的时

---

[1] 这个30美元就是"最小阻力线"，或称"最小阻力点"，只有突破这个点，才能确定市场的大势，否则只能视波动为常规波动甚至次级回档或次级反弹予以忽略。

候买入而情绪恶化。就算你买在了 25 美元的低价位，也会在等待的时候变得非常疲惫，当它真正开始运作时，你就已经耗干力气，将它低价抛出了。你会变得非常沮丧，而当应该再次进场时，你却没能回来。

我的经历告诉我，真正能从投机市场挣到钱的，都是一开始就有盈利且坚持下来的股票或期货。接下来，我会举一些我交易操作中的实例，你将会注意到建仓时所用到的"心理时间点"[1]，在这个时间点上，股票的运行势头是如此强劲，以至于它没有退路，只能一路向前突破。不是我操作得多么牛，而是有一股强势的力量 [2] 在背后支持着它。它只是不得不向前冲，也确实在向前冲。

曾经有好多次，像其他投机者一样，我也没有耐心等待这个确定的时机，我想一直赢钱，在任何时候都想赢。你可能会说："你这样的老手，为什么也会放任自己这样做呢？"回答就是，我也是一个正常人，也有人性的弱点。和所有的投机者一样，我也会因为不耐烦而做出错误的判断。投机和玩牌非常相似，无论是玩扑克、桥牌还是其他任何同类游戏，我们都有一个共同的弱点——总是想每把都赢，把把都出彩。这是所有人的软肋，在某种程度上，我们都有这个弱点。这个弱点是投资者和投机者最大的敌人，如果不采

[1] 指股市的心理合力开始转向的时间点。第五章有专门论述。
[2] 所有在市人员在这个时间点上的心理合力。

取对抗措施的话，它将会使他们垮掉。怀抱希望和心怀恐惧都是人性的显著特征，但如果你把希望和恐惧同时注入投机生意中，你将面临致命的危险：你可能会搞混二者，甚至使二者错位，你会在该怀抱希望的时候恐惧，在该心怀恐惧的时候满怀希望。

举例来说，你在 30 美元的价位买了一只股票，第二天它快速涨到了 32 美元或 32.5 美元。你立即变得恐慌不安，觉得如果不立刻卖出获得利润，第二天这利润就可能蒸发，所以你匆忙抛出，捡到一些蝇头小利。这时你本应享受世界上所有的希望，因为你昨天还没有这两个点[1]，为什么现在会担心失去这点利润呢？如果你在一天里能赚两个点的利润，那么第二天你就可能赚两个或三个点，在接下来的一周就可能赚五个点甚至更多。只要所持股票没什么猫腻，市场运作也对，你就不要着急获利，落袋为安。你知道你是对的，因为如果你不对，就不会有任何利润。让利润奔跑吧，骑着它狂奔，它可能会变成一笔非常大的利润。只要市场运作正常，就无须担心，你应当鼓起勇气，坚定信念，一直坚持下去。

另一方面，假设你以 30 美元的价格买了一只股票，第二天它就下降到了 28 美元，账面显示丢了两个点，你可能不会害怕第二

---

[1]"点"是"单位"的意思，涨一个点，就是涨一个单位的价格。此处一个点表示一美元。在中国股市，不同的人以不同的数量作为"点"，也就是计量单位。比如 1 元或 10 元人民币可以叫作一个点，涨跌幅的 1% 也可以叫作一个点。

天会再丢三个点或者更多。你可能只把它看作暂时的反向波动，觉得第三天肯定会收复失地。但这时你才应该恐惧。这两个点丢了，第三天就可能再丢两个点，或者在接下来的一周或两周里再丢五个或十个点。如果你没有抛出这只亏损股票，之后你可能会被迫亏损更多。在遭受更大的损失之前，你应该采取保护措施，卖掉你的股票。

赢利了当然不用操心，但亏损就不一样了，一定不能掉以轻心。投资者必须对一开始的小损失采取措施，预防更大的损失。这样做，他就可以有序地管理自己的账户，以至于在未来的一段时期，当他有什么新的想法时，他可以进行另一笔交易，持有和之前相同数量的股票。投机者必须做自己的保险经纪人，守好自己的资本账户，因为只有少赔钱，才不至于在将来判断准确时无力操作。我一方面相信，所有成功的投资者和投机者一定都是事前有充足的理由才进场的，但另一方面我也觉得，第一次进入市场投资的时候，必须接受某种具体的指导才能持有自己的第一只股票。

我再重复一遍，的确存在某些特定的时刻，大势开始启动并一路保持不变。我也坚信任何有投资本能和耐心的人，都能够发明一套自己的具体方法作为行动指南，正确地判断该在什么时候进场，开始建仓。成功的投机绝对不是撞大运和瞎猜。为了能一直成功下去，投资者或投机者必须有自己的准则作为指南。我使用的某些准则对另一个人来说可能毫无价值。为什么会这样呢？如果这些准则对我来说如珠如宝，对你来说为什么会没有相同的价值呢？答案就是，没有任何指导或准则是百分之百正确的。我使用某个准则，只是因为我自己能用，我知道结果会是什么样的。如果我持有的股票没有如我预期的那样动作，我就会立即判断出时机不对，立刻平仓。或许几天之后，我的指南准则会暗示我应该再次进场，于是我又返回市场，可能这次时机就是百分之百正确的了。

我认为，任何人，只要愿意花时间和心思去研究价格的波动方式，就能在一定的时间内发展出一套适合自己的准则，这些准则能够帮助他在下一笔投资或投机中取得成功。在这本书里，我会介绍一些要点，这些要点在我自己的投机操作中非常有价值。

很多交易者都留着均线记录和图表，他们会追踪均线，看股票在均线上下的起伏变化。很多时候，这些图表和均线毫无问题地指出一个明确的走向。但这些图表对我个人来说，从来没有多大的吸引力，我认为这些图表总是令人疑惑。然而，我自己也做记录，用自己的图表时和痴迷那些图表的人一样狂热。也许他们是正确的，我才是错的。

我喜欢做记录，这是因为我的行情记录方法能够把价格浮动过程清晰地展示给我。但直到我将时间因素考虑进去，我的行情记录才真正变得有用，能够帮助我预测即将到来的大趋势。我相信，通过保持行情记录并将时间因素考虑进去（在后面的章节中我将详细解释），我们能够精确地预测股市的下一次大动向，但这需要付出很大的耐心才能做到。

如果你能结合自己的行情记录准确地计算出时间因素，你迟早能判断出大动向到来的时机，你就能熟悉一只股票或者多只股票了。如果你能正确解读你自己的行情记录，那么在任何板块中，你都能挑出其领涨股。我再重复一遍，你必须亲自做行情记录，你一定要亲自写下那些数字。除了你之外，任何人都不能替你做这件事。在这样做的时候，你会特别惊讶，你竟然得到了这么多的灵感，这种从中得来的灵感其他任何人都给不了你，因为它们是你发现的，是你自己的秘密，你应该保守这些秘密，不让任何人知道。

在这本书中，我为投资者和投机者们提出了一些禁忌，其中最重要的一条就是，投资和投机完全是两码事，我们绝不能允许投机事业变成投资行为。[1] 投资者经常会遭受巨大的损失，就是因为他们买了股票还付了钱。

---

[1] 作者对投资行为比较看不起，这和巴菲特的建议相抵触。利弗莫尔从未做过成功的投资，他的钱都是快钱。"术业有专攻"，希望投机之神利弗莫尔对投资的评价不要影响你从投资之神巴菲特那里听来的对投资的建议。

你经常会听到投资者说这种话："我不用担心股票的波动，不用担心有人通知我去追加保证金。我从来不投机。我买股票是为了投资，即使股票下跌，最后也会涨回来。"

　　投资者买进了好多自己看好的股票，认为投资必赚，不幸的是，随着时间的推移，事情总在变化，灾难不可避免。所以那些所谓的"股票投资"常常变成不过脑子的冒险行为。很多股票已经不存在了，这些最开始的"投资"不见了，投资者的资本也全部蒸发掉了。之所以会发生这样的事情，是因为投资者们没有清楚地意识到，所谓的"投资"可能原本是打算长久持有的，但这个股票以后要面对新一轮情况的变化，而情况的变化随时可能影响股票的赢利能力。如果考虑到这些情况变化，任何股票实际上都没有什么投资的价值。所以投资者一定要看好自己的资本账户，就像成功的投机者在冒险投机时守护自己的账户那样。如果这样做了，那些喜欢称自己为"投资者"的人就不会违背自己的意愿在未来被迫成为投机者了，他们的基金账户也不会贬值那么多了。

　　你应该记得，很多年前人们会考虑把钱投到纽约－纽黑文－哈特福德铁路公司，认为把钱存到那儿比存到银行还安全。1902年4月28日，纽黑文公司股票的成交价为每股225美元；1906年12月，芝加哥－密尔沃基－圣保罗股票的成交价为199.62美元；同年1月，芝加哥西北公司股票的成交价为240美元；同年2月9日，大北方铁路公司股票的成交价为 348 美元。上述所有公司都发放了非常丰厚的红利。

现在我们再来看看这些"投资事件"。1940 年 1 月 2 日，他们报出了下列价格：纽约－纽黑文－哈特福德铁路公司的股票每股价格为 0.5 美元；芝加哥西北公司的股票 $\frac{5}{16}$ 为美元，即每股约 0.31 美元；大北方铁路公司股票为每股 0.2662 美元。1940 年 1 月 2 日，芝加哥－密尔沃基－圣保罗公司没有报价，但 1940 年 1 月 5 日，它的报价为每股 0.25 美元。

我们很容易就能列出几百只类似的股票，它们曾经被视为镀了金的投资，如今却一点价值也没有了。所以说，再伟大的投资也会陨落，那些所谓的保守型投资者的命运就是眼睁睁着家财散尽。

没错，投机者在股票市场中也会赔钱。

但我相信这是一份安全的、经得起考验的声明：在投机上损失的钱，与那些放任股票不管的所谓"投资者"的损失比起来，要少得多。

以我的观点来看，这些投资者实际上只是大手笔的赌徒罢了。他们下注，并一直不改，如果下错了，他们就全部输掉。投机者也可能在同一时间买进，但如果他很明智（只要他保持记录行情），就能够在危险信号警告他好像哪儿不对时及时退出。他会迅速采取行动，及时止损，然后等待合适的时机再次进场。

一旦一只股票开始跌，没人能告诉你它会跌到什么程度。同理，当一只股票涨的时候，也没有人能猜出它的最高点会在什么地方。请牢牢记住下列要点：

永远不要因为一只股票看起来价格过高而卖掉它。你可能经历了这只股票从 10 美元涨到 50 美元的过程，你觉得它的成交价都高得离谱了。这时候要去确定，在良好的收入措施和企业管理下，是什么因素阻止了这只股票从 50 美元一直涨到 150 美元。很多人损失巨额资产，只是因为在这些股票经历了一段很长的上涨期后，他们觉得股票价格虚高，于是纷纷抛出持股。

反之，不要因为某只股票从高位跌落而买进，觉得像捡漏。它的下滑十有八九是基于某种切实原因的。尽管看起来价格略低，这只股票仍然可能卖贵了。试着去忘记它过去较高的价格区间，以结合时间和价格因素的利弗莫尔法则再次对它进行研究吧。

在知道我的交易方法后，可能很多人会感到吃惊。当我通过我的行情记录看到一个抬头趋势时，我不会马上出手，而是等它常规回档[1]之后再创新高时，迅速成为买家。同样，卖出股票时，我也采用这种方式。为什么呢？因为我要在正确的时间点切入洪流。只有在这个时间点，我的行情记录才会发出信号让我出手。

回档时我从来不买，反弹时我从来不卖。

另一个要点就是，如果你买了第一笔就损失了，不要补仓，否则你就是蠢到家了。绝不要企图低价追加持股以摊低损失。请把这个禁忌深深地刻进你的脑子。

---

[1]回档、回踩、回跌等都指"跌"，几乎等同。如果非要加以区分，就是在跌幅方面，可能回跌 > 回档 > 回踩。

第二章
股价的正常和不正常波动

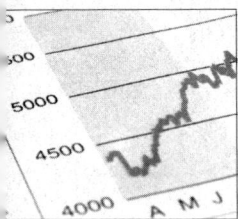

股票就像人一样，有自己的性格。有些股票一直高度紧绷，紧张兮兮，跳来跳去；有些股票非常直接、坦率、理性。总有一天，你会了解和尊重每只个股，知道每只个股都是独一无二的。在不同的情况下，它们的价格浮动是可以预测的。

股票就像人一样，有自己的性格。有些股票一直高度紧绷，紧张兮兮，跳来跳去；有些股票非常直接、坦率、理性。总有一天，你会了解和尊重每只个股，知道每只个股都是独一无二的。在不同的情况下，它们的价格浮动是可以预测的。

　　市场从不停步。有时它会非常迟钝，但不会一直停在一个价位上，它总是向上或向下挪动一小步。但一只股票的趋势一旦确定，它就会自动运作，在运作过程中一直遵循某些规则。

　　在趋势呈现之初，你会注意到，连续几天价格逐渐上涨的过程中会有一个非常大的交易量，然后就会发生我前面说过的那种"常规回档"现象。回档后，交易量会小于价格上涨前的几天。这种小回档是正常的。所有正常的运作方式都无须害怕，但一定要警惕不正常的运作方式。

一两天后，股票会再次开始运作，交易量增加。如果这是一个真正的涨势，那么在短时间内，市场就会收复自然的常规回档，股价就会攀上新的高度。这个动作应该会强劲地持续几天，每天略有小踩。或早或晚，它会到达某个点，再来一次常规回档。当这个常规回档发生时，它跌落的点数应当和第一次回档时一样。当一只股票的趋势正在形成时，这种动作方式才是自然而正常的。在确定的趋势酝酿的初期，第一个顶点和第二个顶点间的距离不会太大，但随着时间的推移，你将发现反弹越来越快。

我举一个具体的例子来说明。假设现在有一只 50 美元的股票，在它运作的第一阶段，它逐渐涨到了 54 美元。一两天后，常规回档可能把它带回 52.5 美元上下。三天后，它可能再次上涨，达到 59 或 60 美元。然后是第二次常规回档，但回档中并不会只降 1 美元或 1.5 美元，在这样一个常规回档水平上，很可能会降 3 美元。它几天后再次上涨时，你会发现交易量并不像初始时那样大，股票变得越来越难买。在这种情况下，接下来股票的动作会比之前更加迅速，会轻易突破 60 美元的高位涨到 68 美元的高位，一直涨而无常规回档。

当常规回档第三次发生的时候，你就要睁大眼睛了。它会很容易降到 65 美元，这是常规回档。但如果第三次回档大概降了 5 美元，过不了几天，股票就应该重新上涨，股价会再创新高。也就是在这个地方，时间因素出现了，买进持股。

不要让股票烂在手里。在获得高额利润后，你一定要有耐心，但绝对不要让耐心变成束缚自己思想的框架，忽视危险的信号。

股价再次上涨，在一天内涨了六七个点，第二天可能又涨了八九个点，它非常活跃。但在这一天的最后一个小时，它突然出现一个"不正常"的急跌，下跌七八个点。第三天早上，它又降了一个点左右，然后再次上涨，收盘时非常坚挺。但第四天，因为某些原因，它不再涨了。

这是一个迫在眉睫的危险信号。在真正的牛市动作中，除了自然的常规回档，不会发生任何事情。但突然发生了一个不正常的回档，也就是在同一天内，市场先造就了一个极高的价格，然后跌了6个点以上——这样的事情之前从未发生过，这不正常。从市场来看，当这些不正常的事件发生时，它就向你发出了危险的信号，你千万不能忽视。

在股票正常上涨的过程中，你要耐心等待。但现在你需要怀着勇气和敬意去对待危险的信号，要果断抛出股票，迅速抽身观望。

我从没说过这些危险信号一定是准确的，正如前面所说，股票市场千变万化，没有任何规则能够百分之百适应它，能够百分之百准确。但如果你能始终集中注意力去研究它，从长远来看，你将获得无比巨大的利润。

　　一个伟大的天才投机家曾经告诉我："当危险信号出现时，我从不和它争辩。我会离开！几天后，如果所有的事情看起来又都正确了，我会再次进场。所以我总能担心得少一些，并为自己节约一些金钱。我觉得这就像下面这种情况：如果我正沿着铁轨向前走，看到一列快速列车以每小时 60 英里的速度向我驶来，我不会像愚蠢的傻瓜那样待在那儿不动，我会让开轨道，让火车过去。等火车过去之后，如果我愿意，我会再次回到铁轨上去。"这是一种很形象的投机智慧，它一直印在我的脑海里。

　　明智的投机者总是时刻对危险信号保持警惕。奇怪的是，大多数投资者遇到的问题来自他们内在的某些因素，这些内在缺点阻止他们鼓起勇气，在应该退场时清仓。他们犹豫不决，看着市场朝着对自己不利的方向走了很远。然后他们说："等下一波行情反弹，我就抛出。"行情终究会反弹，但当下一波反弹行情到来的时候，他们又忘记了自己当初的决定，因为他们认为市场运作再次对头了。然而，行情反弹仅仅是一次短期的波动，之后市场开始真正地走下坡路了，但他们因为犹豫不决而一直留在市场中。如果他们有一个实用的指南针，他们就能知道自己该做什么，这样不仅能帮他们节约一大笔钱，还能消除他们的担心。

请允许我再重复一次，对于普通的投资者或者投机者来说，每个人的另一面都是自己最大的敌人。为什么一只股票从高位跌落后不会再次大涨呢？当然它可能会从某个水平开始反弹的，但凭什么你希望它反弹的时候它就反弹呢？这种可能性不大，就算有，优柔寡断型的投机者也不会充分利用机会的。

我要告诉那些把投机看作一项严肃事业的人一点，我愿意一遍遍地重申这一点：一厢情愿的想法必须消除，一个人不可能天天或周周都交易成功。一年中只有很少的时间，可能只有四五次，你可以允许自己全身心地投入股市。在这些时间之外，你应该让市场自行酝酿，酝酿接下来的一次大动作。

如果你掐准了时机，一进场就能赢利。然后，你需要做的就是保持警惕，观察危险信号何时出现，这些信号会提醒你赶快抛出，把账面利润变成真正的金钱。

记住，当你袖手旁观时，那些觉得自己必须天天交易的投机者正忙忙碌碌地为你下一次获利做铺垫，你将从他们的错误中获得利益。

投机真的很诱人。大多数人都埋头于券商的办公室里，频繁地接各种电话，过了交易日，就参加各种聚会，和朋友讨论市场。股票行情或者报价机总是萦绕在他们心头。对于小波动，他们是如此全神贯注，以至于看不到大的市场动作。当行情发生大的变化，大多数人几乎不约而同地买入或卖出错误的股票。这些投机者都试图从市场日常的小动作中获利，永远不能在下一轮重大的市场行情发生时抓住机会。

保持研究股价运行记录，弄清波动是如何发生的，谨慎地考虑时间因素，以上缺点就可以克服。

很多年前，我听说过一位著名的投机家，他住在加利福尼亚山，得到的行情总是三天后的。一年之中他会打两三次电话给旧金山的经纪人，根据市场行情传达指令，让经纪人按指令买进或卖出股票。我的一个朋友去过那个经纪人的办公室，他非常好奇并问东问西。当他了解到这个男人几乎不进证券公司，很少来探访，并且只在特殊场合进行极大规模的交易，他不禁惊呆了。终于有人向我的朋友介绍了这位投机家，在交谈的过程中，我的朋友向这位投机家请教，他人在偏远的大山里，在那样遥远的地方，他是如何跟对股市的。

"是这样，"他回答说，"我把投机当成一项事业。如果我因市场的小幅变化而分心，就会使自己陷入困惑，我就会失败。所以我喜欢躲在一个地方，自己思考。你看，我保持着对已经发生的行情的记录。当市场开始运作，行情记录就能为我提供一幅清晰的图像，告诉我市场上正在发生什么。大动作不会当天开始、当天结束，一个真正的动作要花很长时间才能完成它的最终阶段。我住在山上，远离城市，这样就可以为股票运作留出足够的时间。

"如果有一天，当我把从报纸上获得的价格信息放进我的行情记录里时，我发现这些刚刚记录下的价格并不符合它一贯的动作模式，我就会立刻做出决定，去城里忙活，做空或做多。"

这是很多年前的事了。一个来自山里的人，一直从股票市场中赚大钱。他在一定程度上鼓舞了我。我开始努力工作，比以往任何时候都更加努力，试图将时间因素和其他我组织起来的数据结合起来。通过坚持不懈的努力，我能够整合我的行情记录，它帮助我预测股票市场即将到来的大运动，结果是惊人的成功。

第三章

领涨板块和领涨股

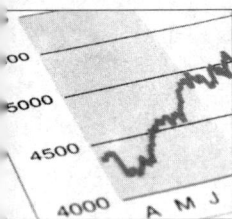

女人的衣服、帽子和珠宝等的时尚风格永远在变化，同理，股票市场中旧的领涨股也在相继而殁，新的领头羊不断崛起，取代旧领涨股的位置。

在一段时间的成功之后，股市中总会散发出一种诱人的乐观，使投机者们变得粗心大意，过于雄心勃勃。这时最需要保持健全的理智和清晰的思路，否则你很容易失去既有的钱财。如果你能牢牢记住这个准则，那就再没有赔钱的可能性了。

　　我们知道价格会起伏，它从前如此，以后也将如此。我的理论是，在大动作背后，总有一股难以抗拒的力量在起作用。人们只需要知道这一点就足够了，对价格浮动背后的所有原因都感到好奇并不是好事。你的思想可能会受一些不必要的事情的影响，这是非常危险的。只要意识到市场真正的大动作，并加以利用，乘着你的投机之船顺势而行就可以了。不要和市场争辩，最重要的是，不要试图去战胜它。

　　你还要记住，不要"遍地开花"。我的意思是，不要同时对很多股票感兴趣。同时跟进几只股票很容易，但同时掌控多只股票就很难了。[1] 多年前我犯过这个错误，亏大了。

另一个错误是，某个板块的某只股票显然掉转了航向，逆了主流，我就纵容自己对整个市场完全看跌或看涨。在做新股之前，我应该有耐心，等待时机，等待另一板块中的某些股票提示我，大盘的涨势或跌势已经结束。到那时，其他股票也会给我同样明确的指示。这些都是我应该耐心等待的线索，但我没有这么做，我急切地在市场中忙碌起来，然后吃了亏。我纵容了自己行动的欲望，让欲望代替了理智的判断。当然，我在第一、第二板块的交易中都赢利了，但没有等时机到来就进入了其他板块，切掉了盈利中很大的一部分。

回想以前，在 20 世纪 20 年代末的疯牛市中，我清晰地看到铜业股票的涨势已经走到了尽头。一段时间后，汽车股票板块也达到了顶峰。因为牛市对这两类股票来说已经完结，我很快就得出了一个错误的结论——我能够安全地做空任何股票了。我不愿告诉你我在这场行动中损失的钱有多少。

在接下来的六个月里，铜业股票和汽车股票如我预期的那样一

---

[1]买股票和养孩子差不多，别生太多，以免让自己手忙脚乱，持股最多不要超过五只。——彼得·林奇

路下跌，我也从中积攒了巨大的账面利润。但同样被我做空的公共事业板块股票，价格却一路上涨，根本停不下来，其给我造成的亏损甚至超过了我从铜业股票及汽车股票中获得的利润。而此时我没有做空的安娜康达股的价格已经跌了 50 个点，汽车股票的跌幅也与此大致相同。

我希望你能牢记这个规则，当你看准一个板块的运作，就要马上采取行动，但千万不要套用在其他板块中，除非你清楚地看到其他板块也开始如此运作。要有耐心，要等待，你会在其他板块中得到与第一个板块相同的信号，绝对不要满盘铺。

只盯紧和研究当天活跃股的运动。如果你不能从领涨股中赚到钱，你也就不能从整个股票市场中赚到任何钱。

女人的衣服、帽子和珠宝等的时尚风格永远在变化，同理，股票市场中旧的领涨股也在相继而殁，新的领头羊不断崛起，取代旧领涨股的位置。多年前，股票的领涨板块是铁路、美国糖业和烟草；后来变成了钢铁，美国糖业和烟草被推下台；现在，汽车等又走到了前面。如今我们只有四个板块统治市场，分别是钢铁、汽车、航空和船运。如果它们变化，整个市场也会随之变化。随着时间的推移，新的领涨股将会走在前面，有些旧的领涨股将被淘汰。只要股市存在，这样的现象就会一直存在。

试图在同一时间跟踪太多只股票，那明显是不安全的。你将变得纠结和困惑。试着去分析少数几个板块，你将发现，用这种方式来获得一个真实的市场动态，比你解剖整个市场来研究容易得多。如果你能在四个领涨板块中都正确地分析出两只股票的动向，你就不用担心其他股票的走向了。老故事里说得好："跟随领袖！"头脑要灵活，记住，今天的领涨股两年后可能就不是了。

现在，在行情记录中，我保持了四个独立的板块，但这并不意味着我会在这几个板块中同时交易。我有一个真正的目的。

很久以前，当我第一次对股价浮动产生兴趣的时候，我决定测试一下我预测股价浮动趋势的能力。我总是随身带一个小本，记下我的模拟交易。随着时间的推移，我进行了我的第一次实际交易，我永远不会忘记那笔交易。我和我的朋友各出一半钱合买了5股芝加哥-伯灵顿-昆西铁路股，我分到了3.12美元的利润。从那时起，通过努力学习，我变成了一个合格的投机者。

从当下的市场情况来看，我认为老式的大笔投机者很难有大作为了。我说"老式投机者"的时候，心里想的是市场的容量很大、流动非常快的时候，那时你可以买进或卖出某只股票的5000~10000股，但对价格没太大的影响。

建好仓位后，如果价格的波动正确，"老式投机者"就算持续增加筹码也不会感到危险。在以前，如果他的判断被市场证明是错误的，他不用付出太大代价就可以轻易撤仓。但现在，市场很窄，如果仓位不对，抛出时就会遭受灭顶之灾。

　　另一方面，正如我前面说过的，现在的投机者如果有足够的耐心和判断力，等待合适的时机，最终会有更好的机会赚取丰厚的利润，因为如今的市场已经不允许那么多的人为操纵了，假波动不多。过去人为操纵盛行，所有的科学计算都得失效。

　　所以，从如今的市场情况来看，显然没有任何明智的投机者会允许自己按照多年前常见的那种大手笔进行操作了。他会研究少数几个板块中的领涨股，在跳入之前先探路。股票市场新的时代已经到来，新时代给理智、勤奋、有能力的投资者和投机者提供了更加安全的机会。

第四章

"吝啬"是赢利之本

　　成功的商人会给各种客户赊账，但不会把所有的货物赊给一个客户。客户数量越大，风险就越分散。正是基于这样的道理，一个投机者在冒险时，不能把全部家当押在一只股票上，一只股票的资本投放应当受到限制。资金之于投机者，就像货物之于商人。

处理收入余额时，不要假手于人。

无论你是处理几千美元的小钱，还是几百万美元的大钱，这个忠告都很有用。那是你的钱，只有你守护它，它才会对你不离不弃。把它交给愚蠢的投机行为就注定会失去它。

不合格的投机者会犯很多错误。我曾经一次次警告，为了降低损失，千万不要在亏损时补仓。那是最常见的一种作死方法。有很多人做多，比如在 50 美元的价位买进 100 股。两三天后，如果他们可以以 47 美元再次买进，摊平亏损之心就会牢牢地套住他们。他们就会在 47 美元的价位再买进 100 股，使全仓的均价降到 48.5 美元。你已经以 50 美元买进了 100 股，并且对这 100 股亏损的 3 个点非常焦虑，那么是什么促使你再买进 100 股的呢？当价格跌到 44 美元时，你就要承担双倍的揪心哪。到那时，第一个 100 股会损失 600 美元，第二个 100 股将损失 300 美元。

一个人可以采用的最病态的方式，就是坚持摊平成本。如果这个策略真的有效，那么坚持到底就会变成这个样子：在 44 美元价位再买进 200 股，在 41 美元价位再买进 400 股，在 38 美元价位再买进 800 股，在 35 美元价位再买进 1600 股，在 32 美元价位再买进 3200 股，然后在每只股票 29 美元的时候，再买进 6400 股……有多少人能承受这样的压力？当然，像这样异常的运作不会经常出现，但恰恰是面对这种不正常的运作，投机者们更要谨慎，以免大祸临头。

所以，即使冒着被说啰唆和说教的危险，我也要敦促你避免采用摊平成本的做法。

从券商那里，我只得到过一种不掺水的信息，那就是叫你追加保证金[1]。当通知到达的时候，你应该立即清仓。你站在了市场错误的一边。既然前面的钱都亏损了，你为什么还要追加实打实的真金白银？要把实打实的钱留在手里，改天再在更好的股票上下注，而不是投入到这桩显然在赔钱的买卖上。

---

[1] 保证金是用到"杠杆"的时候才会产生的一个术语。比如你用一块钱可以买十块钱的棉花，你的一块钱，就是保证金。当价格跌 1/10，保证金就抹平了，就得追加保证金。

成功的商人会给各种客户赊账，但不会把所有的货物赊给一个客户。客户数量越大，风险就越分散。正是基于这样的道理，一个投机者在冒险时，不能把全部家当押在一只股票上，一只股票的资本投放应当受到限制。资金之于投机者，就像货物之于商人。

投机者有个通病，渴望短期暴富，他们不想花两三年的时间使资金增值500%，而是试图在两三个月里做到这一点。他们偶尔会成功，但这样大胆的交易方式真的能让成功持久吗？不可能。为什么？因为方法不对，所以钱不稳妥，来得快，去得必然也快，只在他们手中停留片刻。投机者会在不恰当的巨额利润面前失去理智，变得飘飘然，他会说："我能使资金在两个月内增值500%，如果接下来的两个月里我还这样做，那我得赚多少钱！"

这样的投机者是永远不会满足的。他们会继续孤注一掷，直到在某个地方失算，因为总会发生一些剧烈的、不可预见的、毁灭性的事情。最后券商会发来追加保证金的通知，但金额太大没办法凑齐，于是，这个滥赌的赌徒就像流星一样消失了。他可能通过大举借债让券商再收留他一段时间，之后被扫地出门，或者他没有那么倒霉，没有把全部身家都打水漂，还留了一点小钱，可以用小钱重新开始。

新店开业，商人不会期望在第一年就赚25%以上的利润，但投机领域的人却认为 25% 根本不是个事，他们要的是翻番的利润。这种想法是错误的，他们没有把投机当成一项事业，也没有按照事业原则去经营。

还有一点也许值得一提，投机者应当把它当作一项行为准则：每当清仓并了结一项成功的交易时，一定要取出一半的利润，放到保险箱里存起来。这部分清仓后从了结的交易的利润中分出来的钱，是投机者从华尔街挣到的唯一的钱。

我记得有一天自己去棕榈海滩度假的事情。我离开纽约时，还有一个相当大的空头仓。几天后我到达棕榈海滩时，市场遭到了严重的破坏。那是一个将账面利润转化成真金白银的机会，并且我就是这样做的。

市场交易结束后，我给电报员发了一条简短的信息，让他通知纽交所立即向我的银行账户打进 100 万美元，这个电报员几乎不相信。在发出这条信息后，他问我他是否能保存这条消息，我问他为什么。他说他当了 20 年的电报员，还是第一次发这样的电报，客户要经纪商往自己的账户上打钱，他说："券商在电报网络上发出过成千上万条信息，都是要求顾客追加保证金的，您是头一个倒过来的。我想把这字条给儿子们看下。"

普通投机者只在两个时间从券商账户上提钱，没清仓时和获得超额股票红利时。当市场朝着不利于自己的方向发展时，他不会提，因为他需要所有的资本做保证金；交易成功并清仓后他也不会提，因为他会告诉自己："下一次我将赚取两倍的钱。"

大多数投机者最终都很少看到钱，因为对于他们来说，钱是不真实的，是无形的。多年以来，我养成了一种习惯，在成功交易结束后提取一些资金，经常是提个二三十万美元。这是一个好的策略，它有一个心理价值。将它作为一种策略并且照做，将你的钱数一遍。我那样做过。我知道有一些东西在我手里，我能感觉到它，它是真实的。

把钱放在券商账户或银行账户里，和把钱放在自己手中的感觉是不一样的。你能感觉到它，这是有特殊意义的。这样你会有一种占有感，它可以稍稍减轻你做任性投机决策的冲动，而任性的投机决策会带来惨重的损失。所以要经常看一看你手边真实的钱，尤其是在空仓待持期间，也就是两次交易的间隙。

普通投机者在这些方面太松散。

当一个投机者运气够好，能将原始资本翻番，他应该立即从利润中提出一半，放在一边储存起来。这个策略在很多时候都非常有帮助。我只有一件后悔的事，就是在我的职业生涯中，我没能一直遵守这个原则。在某些地方，它本来会帮助我走得更平稳一些的。

我从来没有在华尔街以外的地方赚到过一块钱，但我却因为"投资"其他事业而损失了上百万从华尔街挣来的钱。往事历历在目，佛罗里达的房产、油井、飞机制造工厂、新产品的市场营销和研发机构……我总是赔掉每一分钱。

在外围事业中，有一件事激发了我的热情，我企图说服一个朋友也跟投 5 万美元。他聚精会神地听了我的介绍。当我介绍完之后，他说："利弗莫尔，在你自己的领域之外，你永远不可能在任何事业上取得成功。如果你想拿 5 万美元投机股票，既然你开口了，我肯定给。但你只能待在股市投机，请不要触碰任何实业。"

让我惊讶的是，第二天早上，我收到一张支票，如果是做股票，我肯定不缺这点钱。我又学会了一课：投机本身就是一项事业，所有人都应该这么想。不要让自己在兴奋、奉承和诱惑中迷失。请记住，券商有时会在无意中造成很多投机者的毁灭。券商是赚佣金的，如果客户不交易，他们就赚不到钱，交易越多，佣金就越多。投机者想交易，券商不仅高兴，而且还经常鼓励他们过度交易。无知的投机者总是把券商视为朋友，所以很快就过度交易了。

如果投机者足够聪明，懂得识别应该过度交易的时机，那么过度交易也未尝不可。他会知道什么时候不能这么干或干不起。但一旦沾染上这个习惯，很少有人能明智刹车。他们会失去自制力，失去特有的平衡感，而这对成功来说是致命的。他们从来不会想到自己也会有失手的一天，但这一天终究会来。容易得来的钱是长着翅膀的，来得快，去得也快，一个个投机者都相继赔本。

永远不要做任何交易，除非你知道做了也能保证财务安全。

第五章

标定两种转折点

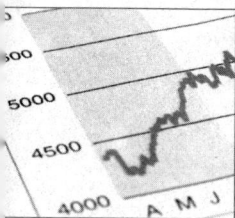

当投机者能够标定一只股票的转折点，能够用这个转折点来解释市场动作的时候，他就可以在一开始建对仓位，保证一直赢利。

只要我能耐心地等待我所说的"转折点"到来再开始交易，我就能从我的操作中赚到钱。

　　为什么？

　　因为我总抓住大行情反转、一个大运动启动的最佳心理时间点入场。我永远不用担心会亏，原因很简单，我操作迅速，开始建仓并不断补仓，我的"导师"告诉我这时候持多是对的。之后，我唯一要做的就是静观其变，任市场按着它自己的路线运行。市场活动会在一段时间之后给我一个确切的信号，我就可以退场获利了。只要我有足够的勇气和耐心等待两个信号，事情总会运转顺利。我的经验告诉我，如果不在大行情刚开始启动时入场，我就不可能在操作中获得任何利润，原因是如果一开始就没有积攒利润，我就缺少背后的支持，坐等大势完尽是需要勇气和耐心的。这种支持是必要的，市场中必然会时不时出现各种小回档和反弹，都会让我无法耐心地等到大势再次转向。

正如市场会给你一个积极的进场提示一样，同样可以肯定的是，它也将给你一个消极的退场信号，只要你耐心等待。冰冻三尺，非一日之寒，任何真正的股市大运动都不会在一天或一周内收尾，整个合理的过程需要足够的时间才能完成。在市场大动作启动之后的48小时内建仓是很重要的，这是最重要的入场时间，不要等到整个大盘已经确定无疑地涨到一定高位时才建。

举例来说，一只处于跌势的股票最终降到了40美元的低位。几天之内，它迅速涨到了45美元。接下来的一周内，它一会儿跌，一会儿涨，总是在几个点的范围内运动，然后慢慢攀爬到了49.5美元。之后波动变得平缓，连续几天都不活跃。突然有一天它又开始活跃，先跌三四个点，然后一直维持着跌势，直到价格接近转折点40美元。这时正是需要谨慎观察市场的时候，因为如果它真的是一只急切的熊股，就会在下一次反弹前先跌到40美元这个转折点以下3点多。如果没跌破40美元，那就是在暗示你，一旦它从底部反弹3个点，你就要尽快买进。如果跌破了40美元，但跌幅不足3点，价格一旦突破43美元，也应该迅速买进。

如果上述两种情况出现了其中一种，你就会发现，它基本标志着一轮新的趋势即将开始。如果这个动作是涨势，就会持续涨到超过 49.5 美元这个转折点 3 个点以上。

我不喜欢用"牛市"或者"熊市"来定义市场趋势，因为我觉得在市场中，很多人听到这两个词就会立即想到，目前的市场状况会持续很长一段时间。

那种明确的趋势并不会经常发生，四五年里会有一次，但在这期间，有很多明确的趋势只持续很短一段时间。所以，我更喜欢用"上升趋势"和"下降趋势"这两个词，因为它们充分表达了市场在特定时间内将要发生的变化。此外，如果你因为觉得市场将要进入上升趋势而买进了，几周后得出结论，市场将要走向下降趋势，你将会发现，你能很容易就接受"趋势逆转"这一事实。而如果你坚信市场是牛市或熊市，你就很难转变观点了。

把时间因素和价格记录完美融合的利弗莫尔法则，是我花了30 多年的时间研究各种准则得出的结果，是我预测股票市场下一个重要动作的基本依据。

我在第一次制作行情记录之后，发现它对我的帮助并不大。几周后我改变了看法，我重新努力，却发现它比起第一次来虽然有进步，但仍然不能提供我想要的信息。一而再、再而三，我总能有新的观点，我制作了一套新的行情记录。在制作了很多行情记录之后，我逐渐形成了一些之前从未有过的想法。行情记录的轮廓变得越来越清晰。但直到我把时间因素和价格结合起来，我的行情记录才开始起作用。

学会融合时间因素后，我开始用这种新方法记录行情，我终于能够标定转折点，行情记录向我展示了如何利用它在市场中获利。从那以后，我无数次改进我的算法，直到今天，那些记录仍然可以传递给你信息，只要你愿意看。

当投机者能够标定一只股票的转折点，能够用这个转折点来解释市场动作的时候，他就可以在一开始建对仓位，保证一直赢利。

多年前我就开始用一种最简单的转折点理论进行交易并获利。我经常观察到，当一只股票的成交价格突破 50 美元、100 美元、200 美元甚至 300 美元时，很快就会不可避免地直线上升。

我第一次尝试在转折点上获利是在老伙计安娜康达股票上。价格刚刚升上 100 美元，我就立即下达指令，买了 4000 股。几分钟后价格突破 105 美元时，我的指令才完成。同一天，它的价格又涨了 10 个点，第二天又是一场暴涨。短短几天，这轮涨势就触到了150 多美元。其间仅有七八个点的常规回档。100 美元这个转折点一直稳稳的。

从此以后，只要我能抓住转折点，就很少不来一记绝杀。当安娜康达成交价为 200 美元时，我再一次成功了；当它的成交价为 300 美元时，我又一次这样做。但这一次它并没有刺穿，最高价只有 302.75 美元，这是危险信号在闪烁。所以我抛出了我的 8000 股，还算幸运，我在 300 美元的价位出手了 5000 股，以 299.75 美元的价格卖掉了 1500 股。这 6500 股的交易是在两分钟之内完成的。但最后的 1500 股花了 25 分钟才卖出，都是一两百股、一两百股地卖出的，最后价格跌到了 298.75 美元，也就是当天的收盘价。我非常有信心，如果价格跌破 300 美元，它就会形成直线下跌的态势。第二天早上，市场上一阵躁动。安娜康达股票在伦敦市场走低，在纽约市场则大幅低开，短短几天内价格就跌到了 225 美元。

记住，当用转折点去预测市场走向的时候，在股票越过转折点之后，如果它没有按照应有的模式动作，那就是危险信号，必须密切关注。

如上所述，安娜康达在突破 300 美元时，和突破 100 美元、200 美元时的表现完全不同。在后两种情况下，当价格向上突破转折点后，都出现了快速上涨的趋势，至少涨了 10 个点。但在 300 美元价位上时，市场上的股票量很大，所以并不难买，但它就是涨不快，这种表现就是很明显的信号，表明它已经成了一只危险的股票，要赶紧脱手。这次越过转折点后发生的情况，和平常完全不同。

另一次，我等了三周才买进伯利恒钢铁股票。1915 年 4 月 7 日，它达到了历史新高——87.75 美元。因为我已经观察到它突破转折点后的迅速上涨，并相信它会突破 100 美元，4 月 8 日，我下达了第一条买进指令，并从 99 美元到 99.75 美元一路买高。股票当天涨到了 117 美元的高位。其间除了偶尔小踩，它从未停止飞涨。在 4 月 13 日，也就是五天之后，它已达到 155 美元的高位，高得出奇。这件事再次说明，如果你有足够的耐心等待时机，利用转折点来交易，你就能获得丰厚的利润。

伯利恒的事还没说完。我在 200 美元、300 美元和吓人的 400 美元的顶峰处同样重复这种操作。但这还没完，因为我一直在预测，熊市一来，它突破下行转折点时会发生什么。我知道自己该做的就是观察并跟进。我发现，当股票越界后活力不足，掉头转而狠跌不是那么难的事。

顺便说一句，我偶尔也会失去耐心，没能等到转折点到来再出手，而是想在短时间内简单快速地获利，这时我就会赔钱。

自那个时候开始，市场上出现了很多高价拆分的股票，股价低了，所以，我刚刚介绍的那种机会就不多了，但我们还可以通过很多其他的办法来确定转折点。

　　举个例子来说，在过去的两三年里，有一只新股挂牌上市，最高价为 20 美元或者任何其他数字，总之这个价格是两三年间的最高价。如果公司运作良好，股价要涨，耐心等到价格到达新高时在第一时间买进，这通常是一个安全的策略。

　　比如另一只股票刚上市时股价可能会被拉高到 50 美元、60 美元或 70 美元，随后因为卖压跌到 20 美元左右，然后一两年间都在最高点和最低点之间波动。如果有一天它的成交价跌破历史低点，那么这很有可能是在为一股较大的跌势做准备。为什么？因为这家公司一定有些事情做得不对头了。

　　通过记录行情，并把时间因素考虑进去，你能够找到很多转折点，并借以建仓，以待市场快速运转。但一定要事先训练自己，因为在转折点交易是需要耐心的。你必须投入时间去研究价格记录，只有真正钻进记录簿，才能标定市场的转折点价位。

　　你将会发现，研究转折点的过程就像挖金矿，这项工作如此迷人，迷人到几乎难以令人相信。你将会从独立判断的成功交易中获得一种独有的快感和满足感。通过内幕或专家指导可能也会获利，但通过自己的能力获利会有更大的成就感。如果你独自发掘机会，用自己的方式交易，锻炼忍耐力，观察危险信号，你将发展出一套适合自己的思维模式。

在这本书的最后一章中我会详细解释利弗莫尔法则，并用这种方法确定更加复杂的转折点。

几乎没有人根据偶然的内幕消息或专家建议真的在交易中赚到钱。很多人求别人告诉自己消息，但他们并不知道该如何利用。

一次晚宴上，一位女士一直缠着我，让我给她一些市场建议，我都快受不了了。我当时心一软，就让她去买一些塞罗迪帕斯科的股票，它在当天突破了一个转折点。从第二天早上开始到接下来的一周时间，它涨了 15 个点，其间仅有一些小回档。然后股票的动作给出了一个危险信号。我想起那天询问我的女士，赶紧让利弗莫尔夫人打电话告诉她，让她全部卖出。当我知道她并没有买进，她只是想看看我的消息准不准时，你可以想象一下我有多惊讶！市场上小道消息的世界就是这样摇摆不定。

期货市场常有明显的转折点。可可在纽约可可交易所进行交易。一般年份，这种商品的行情并没有多少投机魅力。但如果你把投机当作事业，自然会留意整个市场，去寻求最大的机会。

　　可可的 12 月期权合约在 1934 年 2 月达到了最高价格 6.23 美元，在 10 月份跌到了最低价格 4.28 美元。1935 年 2 月，12 月期权合约达到了当年最高的 5.74 美元，在 6 月跌到了当年最低的 4.54 美元。1936 年的最低价格 5.13 美元发生在 3 月。但同年 8 月，因为某些原因，可可市场变得非常不同寻常，市场高度活跃，当月成交价为 6.88 美元，远高于前两年的最高价格，远高于两个最近的转折点。

　　同年 9 月，成交价达到了 7.51 美元的高度；10 月，高达 8.7 美元；11 月，10.8 美元；12 月，11.4 美元。1937 年 1 月，它创下了一个极高的价格 12.86 美元，也创下了一个新的历史纪录，在短短 5 个月内，它涨了 600 点 [1]，其间只有一些正常的小回档。

　　多年来，可可市场都很萎靡。很明显，这次飞涨一定有十分充足的理由，就是可可市场出现了严重的供给短缺。密切关注转折点，就能在可可市场上标定绝佳的机会。

　　只有当你亲手记录行情，观察价格变化，它们才会和你交谈。

---

　　[1] 此处的一个"点"为一美分。为什么股市用美元做计量单位，而期货市场用美分呢？因为期货交易量一般很大，价格在美分级别上的波动即可盈亏。

你会突然感到，你所记录的信息正在形成某种特定的形态，它逐渐呈现出一个明晰的轮廓。它建议你回顾历史行情，看看在一系列相似的市场条件下发生的大动作。它告诉你，通过仔细的分析和良好的判断，你将形成自己的观点。价格模式会告诉你，每一次大动作都是以前类似动作的重复，你就能预测，就能正确、恰当地应付这些即将到来的动作，大大获利。

我想强调一个事实，我不认为我做的行情记录是完美的，虽然它们确实帮助了我。我只知道，我有一个基本策略去预测市场未来的动作，只要研究记录，维护记录，就不可能不在操作中获利。

如果将来人们遵从正确的方法做行情记录，从市场上获得的利润比我还多，我是不会惊讶的。这句话建立在这个前提下：我是在很久以前通过分析记录得到这些结论的，而现在开始使用这一方法的同行也许能轻易从中发现其他我没发现的价值点。我还得多说一句：我之所以没有进一步去发掘，是因为在过去那么长时间的运用中，它已经完全帮助我达到了个人目的。无论如何，其他人可以从我的基本方法中发展出新的思路，新思路的运用又将提高我的基本方法在实践中的价值。

如果他们能够这样做，我绝不会嫉妒他们的成功！

第六章

100 万美元的大错

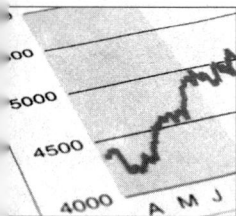

让我告诉你，因为缺少耐心，没有选择好时机，我是如何与100万美元的利润失之交臂的。当我说到这一点的时候，我感到非常尴尬，觉得特别丢脸。

接下来几章的目的是明确一些基本交易准则，稍后我将具体说明把时间因素和价格因素结合起来的方法。

应当指出，一般性交易原则并不多余。很多投机者冲动地做多或做空，一次性把仓建满，那样做是错误和危险的。

这样做才行：比如你想做多 500 股某股票，就应当先买 100 股，如果涨了，就再买 100 股，以此类推。总之，每一笔都要买在比前一笔更高的价位上。[1]

同样的规则也可以用在做空的时候，除非可以卖在比前一笔更低的价位，否则绝对不要出手。

---

[1] 这就是金字塔式买入法。

据我所知，遵从这一原则比采用其他任何方法都更接近市场对的一面。原因就是，在这个过程中，你的所有交易自始至终都是赢利的。每笔都有盈利，这一事实就是最有力的证据，证明你是对的。

我用我自己的交易经历告诉你，首先你得评估个股的大势，然后明确在什么价位进场，这是非常重要的。研究你的价格记录，仔细研究过去几周的价格浮动。你应该在一开始就确定好，如果这只股票真的是只牛股，它必须要先到达哪个价位，你才能建仓。

买进第一笔后，你应该估计一下自己万一错了愿输多少钱。根据上面的原则操作，你建的前一两个仓可能都是亏的。但如果你坚持等待转折点到来再进场，那么当真正的大动作开始时，你就不会错失良机。

谨慎地确定时机是至关重要的，没耐心就走不长远。

让我告诉你，因为缺少耐心，没有选择好时机，我是如何与100万美元[1]的利润失之交臂的。当我说到这一点的时候，我感到非常尴尬，觉得特别丢脸。

---

[1] 相当于现在四五亿元人民币的购买力。

很多年前，我对棉花强烈看涨。我的观点很明确，棉花必将出现一轮大涨。但正如经常发生的那样，市场并未做好准备。但我早在刚得出结论时就一头扎进了棉花市场。

一开始我买进了2万包。这个指令把横盘市场刺激得涨了15个点。当最后100包买进后，价格就开始下滑，慢慢回到了24小时前我开始买进时的水平。市场在这个价位上沉睡了好多天。最后我烦了，全部清仓。包括佣金在内，我大概亏了3万美元。自然，最后100包，我是以跌势中的最低价格卖出的。

几天后，市场再次吸引了我。它在我的脑子里萦绕，挥之不去，我无法改变原来的想法，即棉花市场即将形成大行情。所以我又买了2万包。同样的事情又发生了。因为我的大量买进，市场活跃起来，之后又嗖地一下回到原点。我等得不耐烦，于是再次清仓，最后一笔又卖在最低价位。

六周之内，我连续五次进行这种代价高昂的操作，每次都亏损2.5万~3万美元。我开始厌恶自己。大概有20万美元打了水漂，但连个响都没听见。所以我让经纪人在我第二天早上进办公室之前帮我把棉花报价器弄走，我不想再看到棉花市场，以免被诱惑。它太令人沮丧了，沮丧的情绪不利于清晰地思考问题，而在投机领域，无论何时都要保持思路清晰。

到底怎么了？我撤掉报价器，对棉花完全丧失兴趣。两天后棉花股价就开始涨，直冲500点。在这轮飞涨中，只有一次40点的回档。所以，我错失了自己算准的有史以来最能赚钱的交易机会。

　　有两个根本原因。第一，我没耐心等到从价格角度来讲的心理时间点到来的时候再开始操作。我其实早就判断出，只有当棉花的价格涨到每磅12.5美分，才能说明它真的进入了状态，会一路飙升。但我没等，我没有自制力去等待最佳时机。我的想法是，在棉花到达我的买点之前，我就要额外挣些钱，所以在时机成熟前就扑上去了。我不但损失了大约20万美元的真金白银，还损失了100万美元的盈利。按照我最初的计划，我预计在市场突破转折点后分批添购10万包，这个计划早就印在脑袋里了。如果依计划行事，我就不会错失从这轮行情中获利200多点的机会。

　　第二，只是因为判断失误，我就纵容自己生气，厌恶棉花市场，这种情绪是不利于投机的。我赔钱是因为我缺少耐心去等待合适的时机来支持自己的预测和计划。

　　犯了错就不要找借口，我很久以前就学会了这一点，同行们也应该学会这一点。要坦然承认错误，并试着从中获益。我们都知道自己什么时候错了，因为你一犯错，市场就会通知你赔钱了。一旦意识到自己的错误，就要果断退场，承担损失，尽量保持微笑，认真研究行情记录，确定造成错误的原因是什么，专心等待下一个大潮。

在市场通知之前就能感觉到自己错了，这是一种高度发展的智慧，是潜意识的密报，是基于长年市场观察得出的信号。有时候，它是交易公式的催化剂。下面让我详细解释一下。

20世纪20年代末的大牛市期间，有时我大额持有多种股票，持有了好长时间。其间，回档的情况自然不时发生，但我从未感到不安。但早晚会有那么一天，闭市后，我会变得不安。我想，那一晚我一定睡得很浅。一些事情会使我惊醒，开始考虑市场。

第二天一早，我几乎变得恐惧，去看报纸，觉得不祥的事情即将发生。但也许我会发现一切都很美好，显然，奇怪的感觉是不合理的。市场可能会更加开放，表现完美，也许正处于本轮行情的顶峰。想起自己一夜的不安，我可能会大笑，但我已经学会抑制这样的笑了。

第三天，故事可能会截然不同。虽然没有灾难性的消息，但长时间处于"牛市"中的股票市场可能会突然出现逆转。这一天我会变得非常不安，我将面临将大批股票迅速清仓的尴尬局面。然而前一天，我还可以在与顶峰相差不到两点的价位轻松清仓，这是多么巨大的差别！

我相信，很多操作者都有过类似的经历，从市场来看，一切都有火红的希望，但充满好奇的内心常会闪烁出危险的信号。这只是一种特殊的敏感，是在对市场的长期研究和实践中发展起来的。

坦白说，我总是怀疑内心的这种提示，而更喜欢使用客观的科学准则。但事实仍然是这样，有时所有的事情看起来都那么稳当，内心却极为躁动不安。通过密切观察这种感觉，好几次我都受益匪浅。

这种微妙的间接信号很有趣，只有对市场动作敏感的人才能感觉到"前方危险"的信号，只有使用科学思维模式追踪价格运动的人才能明确感受到这种迫近的危机。一般的投机者仅仅根据自己听到的小道消息或看到的公开评论来看涨或看跌。

请记住，在市场上投机的人数以百万计，只有少数人把全部时间用来投机。对于大多数人来说，投机就是玩一把，所以成本高昂。即使是精明的商人、专业的股票玩家及退休人士，也只是把它当作副业，而不会全身心投入。如果不是某个券商或客户偶尔透露个内幕消息，他们大多数都不会交易。

有人偶尔会交易，是因为他从大公司的董事会朋友那里得到了热门内幕消息。让我举个假想的例子吧。在午餐或晚宴上，你遇到了该公司的董事会朋友。你们先聊了一会儿一般的商业话题，然后你开始询问他们公司的情况。还不错，生意很好，刚刚走出低谷，前途光明。对呀，它的股票正是有吸引力的时候。

"确实，现在买进非常好。"他可能非常诚恳地说，"我们的收益非常好，事实上，比过去几年要好很多。吉姆，你肯定还记得上次我们的股票兴旺时，它值多少钱。"

你变得热情起来，迫不及待地要买这只股票。

每次公司的新报表都显示本季度业绩比上季度好。公司会声明派发额外分红。股票一次又一次地上涨。你渐渐陷入这种愉悦，做起了纸上利润[1]的美梦。

但一段时间之后，公司的业绩开始急速下滑，这时没人通知你这个事实。你只知道价格急降，于是匆忙给你的朋友打电话。"没

---

[1] 又叫"账面利润"。

错，"他将这样回答，"股票确实跌了很多，但这是暂时的。业务量稍有下降，看空的人得知消息后便开始攻击股票。主要是短线卖空造成的。"

他可能还会讲其他一大堆陈词滥调，却隐瞒了真正的原因。因为他和他的合作伙伴无疑持有公司最大宗的股票，自从公司第一次出现严重的滑坡征兆，他们就尽快尽可能多地将手中股票卖出了。如果告诉你真相，那简直就是邀请你积极卖出，或许还会把你们共同的朋友也拉进来竞相大力卖空，那对他来说，就几乎成了一个如何自保的问题了。

所以，问题很明显，这位内线朋友会轻易告诉你该在什么时候买进，却不可能、也不愿告诉你该在什么时候卖出，因为如果他这样做，就相当于把自己的公司和合作伙伴给卖了。

我力劝你随身带个小本，记下有趣的市场信息、一些将来可能用得着的想法、总能不断读到的股市理念、对曾经的市场动作的个人观察。而在这个小本的第一页，我建议你用黑色墨汁写上："谨防内幕消息，所有的内幕消息。"不，最好印上去。

这句话说再多次也不为过。关于投机和投资，只有那些亲自去研究的人才能获利，没人会无缘无故地塞给你一堆钱。这就像那个身无分文的流浪汉的故事一样，饥饿促使他大胆地走进一家餐馆，并点了"一大份肥美多汁的牛排"，最后还对黑人服务员加了一句："告诉你们老板，最好凉一会儿再端来。"过了一会儿，服务员慢慢悠悠地回来了，抱怨道："我们老板说了，如果这里有那样的牛排，他早就自己吃了。"

如果有钱掉在大街上，不会有人强塞到你的口袋里去。

第七章

300 万美元的利润

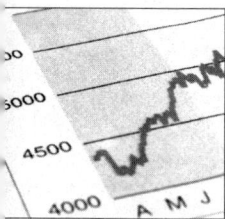

空头仓位的存在是有价值的，因为空仓持有者会买入，一旦发生恐慌，这些买家就会心甘情愿地发挥稳定器的作用，而市场极其需要稳定。

前一章中我介绍了自己没耐心等待时机所以错过的重大机会，如果抓住了，应该能赚到巨额利润。现在，我将说一个成功的例子，这次我耐心地等待事情进一步发展，直到关键的心理时间点到来。

1924 年的夏天，小麦已经到达了我所说的转折点，所以我入市买进，第一笔买了 500 万包。当时小麦市场很大，所以这一大笔买单的执行并未明显提升价格。我要说一下，这种规模的期货买单相当于购进了一只股票的 5 万股。

在我买进 500 万包小麦后，市场停滞了几天，但价格从未降到转折点以下。之后市场再次发力，比之前的涨幅高出几美分，然后在顶点发生了一次常规回档，停滞几天后，再次攀升。

它一突破下一个转折点，我就发出指令添了 500 万包。买单执行的均价比转折点高 1.5 美分。在我看来,这清楚地表明,市场正在为进入强势状态做准备。为什么?因为和第一笔比起来,第二笔500 万包的买单执行起来更加困难了。

第二天,市场并没有回档,像第一笔买单执行时一样,又涨了3 美分。这完全符合我对市场的预期。从那以后它才发展为真正的牛市,这意味着一轮大幅度的上升运动已经开始,我估计要持续几个月的时间。无论如何,我是无法完全掌控当前市场的全部发展潜力的。然后,当每包有 25 美分的利润时,我便清仓了结了。我坐在一边,眼瞅着它几天就又涨了 20 多美分。

这时我意识到自己犯了一个大错。为什么我会害怕失去我从来没有真正拥有过的东西?我太着急了,太急于把账面利润套现了,我应该再耐心一些,鼓起勇气坚持持仓。我知道当上升趋势到达转折点时,市场就会发出预警信号,我将有足够的时间清仓。

所以我决定再次进场,再次买进的平均价位比第一次卖出时高25 美分。现在我只有鼓起勇气再次建仓,数量约为我卖出的第一笔的一半。还好,从那以后,我一直持有,直到危险信号给我警告才罢手。

1925 年 1 月 28 日,5 月小麦的期权合约的成交价每包高达

$2.05\frac{7}{8}$ 美元，2 月 11 日回落到 $1.77\frac{1}{2}$ 美元。

在小麦市场大幅上涨期间，还有另一种商品引起了我的注意。黑麦的涨幅甚至比小麦还大。但和小麦市场不同，黑麦市场很小，所以一个小买单就会使其价格快速上涨。

在期货操作中，我常建大仓，市场里还有其他人也有同样规模的大仓。据说有个人已经积累了几百万包小麦期货和数百万包现货，而且为了帮助小麦仓，他还积累了数百万包的现货黑麦。据说他有时会用黑麦市场支撑小麦市场，如果小麦市场行情动摇，他就在黑麦市场下买单支撑小麦市场。

如上所述，比起小麦市场来，黑麦市场本来就小而窄，任何大买单的执行都会立即拉升市场，折射到小麦市场，效果立竿见影。每当这招被耍出，就会有很多股民冲进小麦市场抢购，结果就是价格再创新高。

这套打法会一直成功，直到谷物大市运行到终点，到时小麦市场的回档也会引起黑麦市场的回档。1925 年 1 月 28 日，黑麦从最高点的 $1.82\frac{1}{4}$ 美元跌到了 1.54 美元，跌幅 $28\frac{1}{4}$ 美分，同时小麦也跌了 $28\frac{3}{8}$ 美分。3 月 2 日，5 月小麦合约恢复到离之前最高价 $3\frac{7}{8}$

美分的位置，价格为 2.02 美元，但黑麦并没有像小麦一样强势反弹，只回到了 $1.70\frac{1}{8}$ 美元，比之前的最高价低 $12\frac{1}{8}$ 美分。

其间我一直密切观察着市场，对这个事实感到震惊，感觉有些事情不太对。在整个大牛市期间，黑麦必然应该比小麦领先一些。现在，它不但没有变成拉动整体股价上涨的领头羊，而且还落后了。小麦已经基本从不正常的下跌中恢复过来，但黑麦没有，黑麦每包还差约 12 美分。这一动作是全新的。

为了查明黑麦没能像小麦一样恢复的原因，我开始认真分析。原因很快找到了，投机者们对小麦市场兴趣很大，对黑麦市场却没兴趣。如果黑麦一直是那个人独控的，那他为什么会突然忽视它呢？我猜测他要么对黑麦不再感兴趣，所以清仓了，要么因为同时卷入了两个市场，没有余力再投入了。

然后我断定，他留不留在黑麦市场没什么关系，从市场角度看，最终的结果都是一样的，所以我开始对我的理论进行验证。

黑麦的最新报价是 $1.69\frac{3}{4}$ 美元。为了弄清楚黑麦市场的真实地位，确定仓位，我发出卖单指令，以即时价格做空 20 万包。当我发出指令时，小麦报价是 2.02 美元。指令执行前，黑麦又跌了 3

美分，但指令完成两分钟后，它又弹到了 $1.68\frac{3}{4}$ 美元。

我通过执行卖单指令，发现市场上没有太多的黑麦买卖指令。但我还是不能确定之后可能会发生什么，所以我再次发出指令，做空 20 万包。结果是差不多的：指令执行前，每包跌了 3 美分，但指令完成后，价格回涨了 1 美分，而不是之前的 2 美分。

我仍然怀疑自己对仓位分析的正确性，于是下了第三个 20 万包的卖单，价格再次下跌，但这次没有反弹。势头一经形成，就靠惯性一直跌下去了。

这正是我一直在观察和等待的密报。如果有人在小麦市场建了大仓，由于某种原因没有保护黑麦市场（原因是什么我并不关心），我就能断定，他将不会、也不能再支撑小麦市场。所以我迅速下达指令，以即时价格做空了 500 万包小麦，价位从 2.01 美元到 1.99 美元不等。当晚，小麦收盘价为 1.97 美元，黑麦为 1.65 美元。我特别开心，因为最后的指令成交时，价格已经低于 2 美元，而 2 美元是转折点，说明市场已经向下突破了转折点。我对形势十分确定，就应该做空。我自然不担心这笔交易。

几天后，我清仓了黑麦。我当时做空只是为了检验黑麦市场的情况，竟然意外获得了 25 万美元的利润。

在此期间，我持续做空小麦，直到积累了 1500 万包的空单。3 月 16 日，5 月小麦以 $1.64\frac{1}{2}$ 美元的价格收盘，第二天早上利物浦低开 3 美分，而折射到美国的话，小麦开盘价应该约为 1.61 美元。

然后，我做了一件我的经验告诉我不该做的事，也就是在开盘前下达指令，以指定价格买进或卖出。诱惑淹没了我的理智，我决定以每包 1.61 美元的价格平掉 500 万包的空仓，这个价格比前一天晚上的收盘价低 3 美分。一开盘，价格范围表现为 1.61~1.54 美元。于是我对自己说："你明知道这样做是违反规则的，但是你还这样做，活该是这样的结果。"但这只是另一次人类本能战胜内在判断的案例。我曾经确信指令只会按照我说的 1.61 美元执行，但它却是开盘价格浮动范围的最高价。

所以，当我看到成交价在 1.54 美元时，我又下了另一条指令，平掉了 500 万包。我立刻收到一份成交记录，上面写着："以 1.53 美元买进 500 万包。"

于是我又下单平掉最后的 500 万包。一分钟不到，报告来了："以 1.53 美元买进 500 万包。"我自然认为第三个 500 万包就是这样成交的。然后我向券商索要第一笔交易的成交报告，结果他们给了我这份报告：

"向您汇报第一笔 500 万包的买单，已经完成。"

"向您汇报第二笔 500 万包的买单，已经完成。"

"向您汇报第三笔 500 万包的买单：

以 1.53 美元买进 350 万包，

以 $1.53\frac{1}{8}$ 美元买进 100 万包，

以 $1.53\frac{1}{4}$ 美元买进 50 万包。"

那天的最低价是 1.51 美元，第二天回升到了 1.64 美元。那是我这辈子第一次收到那种限价指令执行报告。我下达指令以 1.61 美元买进 500 万包，市场开盘价比它低 7 美分，也就是 1.54 美元，这代表 35 万美元的差异。

不久之后我有机会去了趟芝加哥，就问处理我的买单的那个人，为什么我的第一笔限价指令会操作得如此出色，是怎么做到的。他对我说，他恰巧知道有个 3500 万包的市价卖单，在这样的情况下，无论开盘多低，都会有大量小麦开盘后继续卖空。所以他只是等着，直到市场开盘后的价格形成区间，然后他再顺势按照市场价格买入。

他说，如果不是我的买单及时抵达场内，价格可能在开盘后就跳水了。

交易的最终净利超过了 300 万美元。[1]

这说明：空头仓位的存在是有价值的，因为空仓持有者会买入，一旦发生恐慌，这些买家就会心甘情愿地发挥稳定器的作用，而市场极其需要稳定。

现在这种操作已经不可能出现了，因为期货管理所做了限制，在谷物市场中，任何仓都不得超过 200 万包。此外，虽然没人限制股市仓位的大小，但按现行的做空规则，操作者也同样不可能建立大空仓。

所以我觉得老式大手笔投机者的时代已经一去不复返了。将来，"业余"投资者会取代他们的位置，这些人不能在市场上快速地积累巨额财富，但能在一段时间里赚取更多的利润，并维护好这些利润。我坚信，未来的"业余"投资者们只要准确把握心理时间点进行操作，比起原来那些纯投机者，将能从大小行情中获得更高的利润。[2]

---

[1] 相当于现在十几亿元人民币的购买力。

[2] 这段话有点语无伦次。利弗莫尔在写本书时，感叹于自己那种老式、大手笔、全身心投入的投机模式已经不再适应新的时代了，但是这本书又是写给新人看的，所以他的情绪和语言中充满了矛盾。

第八章

市场操作的关键

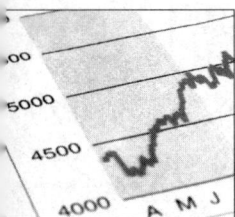

　　我继续做行情记录，认定它具备真正的价值，只待我去发掘。最终我发现了秘密。行情记录直接告诉我，它不会帮我锁定任何小波动，但如果我能保持警醒，就能提前看到警示，知道大动作正在形成。

多年来，我把生命献给了投机事业。现在我终于知道，股市中从来没有新鲜事，时过境迁，股票变了，但价格一直做的是重复运动，价格浮动模式大体上是一样的。

如前所述，我感到自己迫切需要记录价格，指示价格变化趋势。我怀着极大的热情开展这项工作。后来我奋力寻找转折点，以期通过它预测市场动向。但这并不容易。

现在，我回头看当初的努力，开始能够理解为什么当时没有收到即时的效果。那时我一门心思扑在股市上投机，试图制定一个可以一直在市场上买进或卖出，并捕捉市场任何微小波动的策略。这是错误的，幸好我及时清醒过来，认清了现实。

我继续做行情记录，认定它具备真正的价值，只待我去发掘。

最终我发现了秘密。行情记录直接告诉我，它不会帮我锁定任何小波动，但如果我能保持警醒，就能提前看到警示，知道大动作正在形成。

从此以后，我决定不再捕捉任何小波段。

我持续地密切关注着行情记录，终于意识到，要看准即将到来的大动作，时间因素是关键。我再次振作精神，集中精力研究时间因素。我试图找到一种方法，把小波动变成一种工具，而不是目的。我意识到，在市场的大趋势中，还有无数的小波动。它们曾经让我不解，但现在都成了我的工具。

我想弄清什么是正常的回档和反弹，所以我开始检查价格浮动的区间。一开始我用一个点来计算，效果很糟。然后我就设定两个、三个、四个点，直到最后，我找到了那个点数，代表我认为的常规回档和常规反弹的起点。

为了解释清楚，我打印了一张特殊的表格，有不同的列，排布方式也很特别，我把这张表格叫作"未来动作预测图"。每只股票都有 6 列，股票的新价都列于其中。每列都有自己的表头。

第一列表头是"次级反弹"[1]。

第二列表头是"常规反弹"。

第三列表头是"上升趋势"。

第四列表头是"下降趋势"。

第五列表头是"常规回档"。

第六列表头是"次级回档"[2]。

如果价格记在"上升趋势"一栏中，就用黑钢笔写；左边两列都用铅笔写。如果在"下降趋势"一栏记录价格，就用红钢笔写；右边两列都用铅笔写。

这样做，"上升趋势"和"下降趋势"两列的价格都能让我印象深刻，我就能真正把握当下的趋势。黑色和红色钢笔颜色的差异会告诉我一些事情。持续使用黑钢笔和红钢笔，能够读出确定无误的趋势。

当我使用铅笔时，就知道自己只是在记录自然的小波动。（后面附了我的记录表，请记住，印刷的浅蓝油墨[3]就相当于我在纸上用的铅笔。）

---

[1] 常叫"小弹"，意即可以忽略的反弹。

[2] 常叫"小踩"，意即可以忽略的跌幅。

[3] 本书以黑色正文字体表示用铅笔书写的部分。

我选一只价格 30 多美元的股票，如果它不从极点回档或反弹约 6 个点，就不能确定这是一次常规回档或常规反弹，只能叫次级回档或次级反弹。这一轮反弹或回档并不说明大趋势改变了，它只表示市场在正常运作。大趋势没变，和反弹或回档之前一样。

请允许我在此处解释一下，我不会把单只股票的价格变化误当作板块趋势已经发生质变的标志。相反，我把同一板块中两只股票价格的组合变化当作趋势质变的指标。通过将两只股票的价格相加，我能找到我的"关键价格"，即"价格组合"。[1] 我发现个股有时动作幅度过大，会让我误以为该板块进入了上升或下降趋势，但仅根据一只股票的价格变化就对整个板块的趋势做出判断是非常危险的。将两只股票综合起来看则要合理得多。所以说，板块趋势的变化是由两只股票"价格组合"的变化确定的。

让我解释一下"价格组合法"。将 6 个点的动作幅度作为基础，在我的行情记录中你会发现，有时美国钢铁的价格只变化 $5\frac{1}{8}$ 个点我也记，因为伯利恒钢铁同时有 7 个点的变化。将两只股票变化的价格相加，得到的价格变化是 12 个点多，平均超过了 6 个点，可以记了。

---

[1] 利弗莫尔认为组合价格而非单只股票的价格是判断板块趋势的关键，所以才把"组合价格"称作"关键价格"。

当股票动作幅度够大，值得记录（也就是两只股票平均浮动了6个点），我会记下之后每天的极值，也就是超过前一天峰值时都记在"上升趋势"栏，低于前一天谷值时都记在"下降趋势"栏，一直记录，直到动向逆转。后来的反向动作自然也要基于"平均浮动6个点"原则，也就是价格变化总计超过12个点。

你将发现，我从不偏离"平均浮动6个点"原则。就算结果并不完全符合我的预期，我也不会找借口。记住，我记录下的价格不是我随心所欲想出来的，而是当日交易中的实际价格，而价格变化的点数也是由这些记录下的实际价格决定的。

我不想说浮动6个点就是开始做记录的精确点数，那会误导你，也不厚道。我只能说，多年的观察和检验让我感觉这个点数可以作为我开始做行情记录的基础。从这些行情记录中，你可以看到一张有用的股市行情地图，可以据此确定即将到来的价格动作。

有人说，成功就靠当机立断。

当然，计划的成功，依靠的是采取行动的勇气，以及迅速采取行动的执行力。当你的记录告诉你时机到了，就不要浪费时间犹豫。你必须训练自己当机立断的能力。如果你想要等别人来给你解释原因或给予你肯定，你就会错过最佳时机。

举个例子，欧洲宣战后，所有股票快速上涨，随后整个市场出现了常规回档。之后，四大板块很快收复失地，再创新高——除了钢铁板块。任何根据我的方法记录行情的人都会把注意力集中在钢铁股票的动作上，它的价格没有随大盘一起上涨肯定有它的理由。当时我不知道那个理由是什么，也很怀疑是否有人能给出解释，但任何做行情记录的人观察到钢铁股票的动作，都能意识到它的上升趋势已经结束。直到 1940 年，也就是 4 个月后，相关事实才被公布，钢铁板块的动作才有了解释。有关部门发布公告说，其间英国政府抛售了 10 万多股美国钢铁，加拿大也同时抛售了 2 万股。公告发布时，美国钢铁的价格比 1939 年 9 月的最高价格（当时四大板块都是最高价位）低了 26 个点，伯利恒钢铁则低了 29 个点，而其他三大板块只从高位跌了 2.5 ~ 12.75 个点。

　　这一事件证明，当你该买或该卖时，你却试图找出"一个充分的理由"，这是非常愚蠢的。如果一定要等到充分理由的出现，你将会错过在恰当时机采取行动的机会。投资者或投机者需要知道的唯一理由，就是市场就是这么表现的。无论何时，市场的动作不对、没有按套路出牌就是充分理由，足以让你立刻改变主意。记住，股票怎么动，总有它的理由。还要记住，一般情况下，要到一段时间后，你才会知道那个理由是什么，而那时一切为时已晚，赚钱已经不可能了。

我再重复一遍，如果你想利用市场大运动中的小波动去做琐细的交易，那这里的方法对你来说就没什么用。这套方法的目的在于捕捉重大的市场运动，标定大行情的开始和终结。就这个目的而言，如果你严格遵循规则，就能发现它的价值。或许我应该再重复一次，这个方法是为均价 30 美元以上的活跃股设计的。虽然在预测任何个股的市场动作时，其基本原理是一样的，但如果研究价格极低的股票，要稍微做一些调整才行。

　　这个方法其实很简单，股市中各个阶段的人都能迅速理解并掌握。

　　在下面这一章中，我将精确复制我的行情记录，充分解释我填入的数据。

第九章

规则说明

投机是世界上最令人着迷、最有魔力的一种游戏。但是对于愚蠢的人、懒惰的人、精神不正常的人，还有企图一夜暴富的人来说，它不是游戏，他们是不能玩的，不然他们会变得一贫如洗。

1. 在"上升趋势"栏中，用黑钢笔[1]记录价格。

2. 在"下降趋势"栏中，用红钢笔[2]记录价格。

3. 在其余栏中，用铅笔记录价格。

---

[1] 为了与铅笔所写内容区分，本书用黑色粗体表示用黑钢笔所写的内容。
[2] 本书用红色粗体表示用红钢笔所写的内容。

4. a. 当上升趋势结束，价格第一次离这个高位约 6 个点时，开始在"常规回档"栏记录。开始记常规回档时，当天要在"上升趋势"栏最后的价格下标上红线。

   b. 当常规回档结束后，价格第一次离这个低位约 6 个点时，开始记常规反弹或上升趋势，当天要在"常规回档"栏最后的价格下标上红线。

   现在你可以看到两个转折点，根据新价格在这两点附近的表现，你就能形成自己的判断：原有涨势是迫切要恢复，还是业已结束。

   c. 当下降趋势结束，价格第一次离这个低位约 6 个点时，开始在"常规反弹"栏记录。开始记常规反弹时，当天要在"下降趋势"栏最后价格下标上黑线。

   d. 当常规反弹结束后，价格第一次离这个高位约 6 个点时，开始记常规回档或下降趋势，当天要在"常规反弹"栏最后价格下标上黑线。

5. a. 当你记常规反弹时，如果新的价格涨到比该栏上一纪录[1]（下标黑线）高 3 个点多，则该价格换黑钢笔记入"上升趋势"栏。

   b. 当你记常规回档时，如果新的价格降到比该栏上一纪录（下标红线）低 3 个点多，则该价格换红钢笔记入"下降趋势"栏。

---

[1] 请注意，"纪录"是"最高纪录""最低纪录"的"纪录"。

6. a. 上升趋势结束后，如果回档在 6 个点内，就应该在"常规回档"栏记录价格，之后每天，只要价格高于该栏纪录价格，就继续在这一栏记录。

 b. 常规反弹结束后，如果回档在 6 个点内，就应该在"常规回档"栏记录价格，之后每天，只要价格高于该栏纪录价格，就继续在这一栏记录。但如果价格低于"下降趋势"栏的前一纪录，则应换到"下降趋势"栏。

 c. 下降趋势结束后，如果反弹在 6 个点内，就应该在"常规反弹"栏记录价格，之后每天，只要价格低于该栏纪录价格，就继续在这一栏记录。

 d. 常规回档结束后，如果反弹在 6 个点内，就应该在"常规反弹"栏记录价格，之后每天，只要价格低于该栏纪录价格，就继续在这一栏记录。但如果价格高于"上升趋势"栏的最高价格，则应换到"上升趋势"栏。

 e. 当你开始在"常规回档"栏记录数据后，如果新价格低于"下降趋势"栏中的上一个价格纪录，则应用红钢笔记在"下降趋势"栏中。

f. 当你开始在"常规反弹"栏中记录数据时，如果新价格高于"上升趋势"栏中的上一个价格纪录，根据 6-e 的原则，停止在"常规反弹"栏中记录，而将价格用黑钢笔记在"上升趋势"栏中。

g. 如果你正在"常规回档"栏中记录，跳涨约 6 个点，但又没超过"常规反弹"栏的上一纪录，换填"次级反弹"栏，直到新价超越"常规反弹"栏的纪录，这时再回到"常规反弹"栏。

h. 如果你正在"常规反弹"栏中记录，急跌约 6 个点，但又没超过"常规回档"栏的上一纪录，换填"次级回档"栏，直到新价低于"常规回档"栏的纪录，这时再回到"常规回档"栏。

7. 记录价格组合时适用同样的原则，唯一不同的是这时使用 12 个点作为基准，而不是单只股票的 6 个点。

8. 当你开始记常规反弹或常规回档时，"下降趋势"或"上升趋势"栏中的最后价格纪录就是转折点。反弹或回档结束后开始做反向记录时，反弹或回档的极值就是转折点。

只有价格突破了上下限的转折点，数据才开始彰显自身的价值，帮你正确预估下一波大动作。转折点下面都有下划线（红色或黑色），加强你的印象。下划线的目的很明确，就是吸引你的注意。一旦新价格在其上下徘徊，你就需要密切关注了。应该采取什么样的行动，就看这之后的价格记录了。

9. a. 当你在"下降趋势"栏的最低数字（红色）下看到黑色下画线时，你就有了一个在该点附近买进的信号。

   b. 如果"常规反弹"栏的纪录价格下标着黑色下画线，而股票的第二轮反弹接近该转折点，这就是一个关键时刻，可以检测来势是否够猛到要变轨进入"上升趋势"栏。

   c. 反向时同理。当你在"上升趋势"栏的最高数字下看到红色下画线时，你就有了一个在该点附近做空的信号。如果"常规回档"栏的最低数字下标着红色下画线，而股票的第二轮回档接近该转折点，这就是一个关键时刻，可以检测来势是否够猛到要变轨进入"下降趋势"栏。

10. a. 整套方法的目的是让我们看清，个股在经历常规回档或常规反弹后，是否能重来。如果动作重来，坚挺有力（无论上升还是下降），价格必将突破之前确立的转折点，个股需要突破 3 个点，两只股票的价格组合需要突破 6 个点。

b. 如果股票表现不是这样，价格冲不上去，在离上次转折点（在"上升趋势"栏中带红色下画线）3 点多处跌回，这说明该股牛市已尽。

c. 在下降趋势中，该规则同样适用。当常规反弹结束，新价记在"下降趋势"栏中时，这些新价格必须比上一轮的转折点（下标黑线）低 3 点多，才能确认熊市强劲重启了。

d. 如果股票表现不是这样，价格跌不下去，在离上次转折点（在"下降趋势"栏中带黑色下画线）3 点多处反弹，则说明该股熊市已尽。

e. 在"常规反弹"栏记录时，如果反弹还没够到"上升趋势"栏中的最近转折点（下标红线），就又回档 3 点多，这就是一个危险信号，说明该股牛市已尽。

f. 在"常规回档"栏记录时，如果回档还没够到"下降趋势"栏中的最近转折点（下标黑线），就又反弹 3 点多，这就说明该股熊市已尽。

图表示例及说明 [1]

从 1938 年 4 月 2 日开始，价格记在"常规反弹"栏中（参考规则说明 6-c[2]）。在"下降趋势"栏中，最后价格下标黑色下画线（参照规则说明 4-c）。

从 4 月 28 日开始，价格记在"常规回档"栏中（参照规则说明 4-d）。

---

[1] 该部分的 16 个表，实际上是一张连续的表切割而成的，记录了美国钢铁、伯利恒钢铁两只股票从 1938 年 3 月到 1940 年 2 月之间的变化。有两点需要提前说明：第一，表中的"六"表示这天是周六，当时美股只有周日停市，表中某些日期没标价格，原因主要是市场横盘，变化不大，不值得记录，也可能是利弗莫尔这天没看盘，或者当天是假日而休市。第二，表示这天是周同日而休市。

[2] 此处有原文没有笔误，编辑已修改，其他笔误修改正处不再加注。

103

表1（3.23—5.4）

日期	美国钢铁						伯利恒钢铁						价格组合					
	次级反弹	常规反弹	上升趋势	下降趋势	常规回档	次级回档	次级反弹	常规反弹	上升趋势	下降趋势	常规回档	次级回档	次级反弹	常规反弹	上升趋势	下降趋势	常规回档	次级回档
1938		$65\frac{3}{4}$							57						$122\frac{3}{4}$			
		$62\frac{1}{8}$							$65\frac{7}{8}$						128			
								$56\frac{7}{8}$										
				$48\frac{1}{2}$							$43\frac{1}{4}$					$91\frac{3}{4}$		
				$48\frac{1}{4}$							$50\frac{1}{8}$						$98\frac{3}{8}$	
3.23				47								$50\frac{1}{4}$					$97\frac{1}{4}$	
3.24																		
3.25				$44\frac{3}{4}$						$46\frac{3}{4}$						$91\frac{1}{2}$		
3.26六				44						46						90		
3.28				$43\frac{5}{8}$												$89\frac{5}{8}$		
3.29				$39\frac{5}{8}$						43						$82\frac{5}{8}$		
3.30				39						$42\frac{1}{8}$						$81\frac{1}{8}$		

日期	次级反弹	常规反弹	上升趋势	下降趋势	常规回档	次级回档	次级反弹	常规反弹	上升趋势	下降趋势	常规回档	次级回档	次级反弹	常规反弹	上升趋势	下降趋势	常规回档	次级回档
3.31				**38**						**40**						**78**		
4.1																		
4.2六		$43\frac{1}{2}$						$46\frac{3}{8}$						$89\frac{7}{8}$				
4.4																		
4.5																		
4.6																		
4.7																		
4.8																		
4.9六		$46\frac{1}{2}$						$49\frac{3}{4}$						$96\frac{1}{4}$				
4.11																		
4.12																		
4.13		$47\frac{1}{4}$												97				
4.14		$47\frac{1}{2}$												$97\frac{1}{4}$				
4.16六		49						52						101				
4.18																		

105

日期	次级回档	常规回档	下降趋势	上升趋势	常规反弹	次级反弹	次级回档	常规回档	下降趋势	上升趋势	常规反弹	次级反弹	次级回档	常规回档	下降趋势	上升趋势	常规反弹	次级反弹
4.19																		
4.20																		
4.21																		
4.22																		
4.23六																		
4.25																		
4.26																		
4.27																		
4.28														43				
4.29		$87\frac{3}{8}$						45						$42\frac{3}{8}$				
4.30六																		
5.2		$85\frac{3}{4}$						$44\frac{1}{4}$						$41\frac{1}{2}$				
5.3																		
5.4																		

从 5 月 5 日到 5 月 21 日，没有任何价格记录，因为其间没有新价格低于"常规回档"栏中的最后价格，也没有任何值得记录的涨幅。

5 月 27 日，伯利恒钢铁的价格用红钢笔记录，因为它低于"下降趋势"栏中的最近记录（参照规则说明 6–e）。

6 月 2 日，伯利恒钢铁在 43 的价位上形成了买进良机（参照规则说明 10–c 和 10–d）。同一天，美国钢铁在 42 $\frac{1}{4}$ 的价位上形成买进良机[1]（参照规则说明 6–f）。

6 月 10 日，伯利恒钢铁的价格记在"次级反弹"栏（参见规则说明 6–g）。

---

[1] 6 月 2 日的表格中没有这两个数字，原因是利弗莫尔忙于盯盘忘了填表。

107

表2（5.5—6.16）[1]

日期	美国钢铁						伯利恒钢铁						价格组合					
	次级反弹	常规反弹	上升趋势	下降趋势	常规回档	次级回档	次级反弹	常规反弹	上升趋势	下降趋势	常规回档	次级回档	次级反弹	常规反弹	上升趋势	下降趋势	常规回档	次级回档
1938		49		38	$41\frac{1}{2}$			52		40	$44\frac{1}{4}$			101		78	$85\frac{3}{4}$	
5.5																		
5.6																		
5.7六																		
5.9																		
5.10																		
5.11																		
5.12																		
5.13																		
5.14六																		

[1] 每张表最前面几行中的价格是从前面誊写过来的，目的是让你看看转折点。

日期	次级反弹	常规反弹	上升趋势	下降趋势	常规回档	次级回档	次级反弹	常规反弹	上升趋势	下降趋势	常规回档	次级回档	次级反弹	常规反弹	上升趋势	下降趋势	常规回档	次级回档
5.16																		
5.17																		
5.18																		
5.19																		
5.20																		
5.21六																		
5.23											$44\frac{1}{8}$						$85\frac{5}{8}$	
5.24											$43\frac{1}{2}$						85	
5.25					$41\frac{3}{8}$						$42\frac{1}{2}$						$83\frac{7}{8}$	
5.26					$40\frac{1}{8}$						$40\frac{1}{2}$						$80\frac{5}{8}$	
5.27					$39\frac{7}{8}$					$39\frac{3}{4}$							$79\frac{5}{8}$	
5.28六																		
5.31					$39\frac{1}{4}$												79	
6.1																		

109

	次级反弹	常规反弹	上升趋势	下降趋势	常规回档	次级回档	次级反弹	常规反弹	上升趋势	下降趋势	常规回档	次级回档	次级反弹	常规反弹	上升趋势	下降趋势	常规回档	次级回档
6.2																		
6.3																		
6.4六																		
6.6																		
6.7																		
6.8																		
6.9																		
6.10							$46\frac{1}{2}$											
6.11六																		
6.13																		
6.14																		
6.15																		
6.16																		

6月20日，美国钢铁的价格记在"次级反弹"栏（参见规则说明6-g）。

6月24日，美国钢铁和伯利恒钢铁的价格都用黑钢笔记在"上升趋势"栏（参照规则说明5-a）。

7月11日，美国钢铁和伯利恒钢铁的价格都记在"常规回档"栏（参照规则说明6-a和4-a）。

7月19日，美国钢铁和伯利恒钢铁的价格都用黑钢笔记在"上升趋势"栏，因为新价比之前该栏内记录的纪录价格要高（参照规则说明4-b）。

表3（6.17—7.29）

日期	美国钢铁						伯利恒钢铁						价格组合					
	次级反弹	常规反弹	上升趋势	下降趋势	常规回档	次级回档	次级反弹	常规反弹	上升趋势	下降趋势	常规回档	次级回档	次级反弹	常规反弹	上升趋势	下降趋势	常规回档	次级回档
1938																		
6.17		49		38				52		40				101		78		
6.18六					$39\frac{1}{4}$		$46\frac{1}{2}$			$39\frac{3}{4}$							79	
6.20	$45\frac{3}{8}$						$48\frac{1}{4}$						$93\frac{5}{8}$					
6.21	$46\frac{1}{2}$						$49\frac{7}{8}$						$96\frac{3}{8}$					
6.22	$48\frac{1}{2}$						$50\frac{7}{8}$						$99\frac{3}{8}$					
6.23		$51\frac{1}{4}$						$53\frac{1}{4}$						$104\frac{1}{2}$				
6.24			$53\frac{3}{4}$						$55\frac{1}{8}$						$108\frac{7}{8}$			
6.25六			$54\frac{7}{8}$						$58\frac{1}{8}$						113			

日期	次级反弹	常规反弹	上升趋势	下降趋势	常规回档	次级回档	次级反弹	常规反弹	上升趋势	下降趋势	常规回档	次级回档	次级反弹	常规反弹	上升趋势	下降趋势	常规回档	次级回档
6.27																		
6.28																		
6.29			$56\frac{7}{8}$						$60\frac{1}{8}$						117			
6.30			$58\frac{3}{8}$						$61\frac{5}{8}$						120			
7.1			59												$120\frac{5}{8}$			
7.2六			$60\frac{7}{8}$						$62\frac{1}{2}$						$123\frac{3}{8}$			
7.5																		
7.6																		
7.7			$61\frac{3}{4}$												$124\frac{1}{4}$			
7.8																		
7.9六																		
7.11					$55\frac{5}{8}$						$56\frac{3}{4}$						$112\frac{3}{8}$	
7.12					$55\frac{1}{2}$												$112\frac{1}{4}$	
7.13																		

续表

日期	次级反弹	常规反弹	上升趋势	下降趋势	常规回档	次级回档	次级反弹	常规反弹	上升趋势	下降趋势	常规回档	次级回档	次级反弹	常规反弹	上升趋势	下降趋势	常规回档	次级回档
7.14																		
7.15																		
7.16六																		
7.18																		
7.19			$62\frac{3}{8}$						$63\frac{1}{8}$						$125\frac{1}{2}$			
7.20																		
7.21																		
7.22																		
7.23六																		
7.25			$63\frac{1}{4}$												$126\frac{3}{8}$			
7.26																		
7.27																		
7.28																		
7.29																		

8月12日，美国钢铁价格记在"次级回档"栏中，因为新价不比先前记在"常规回档"栏中的最后价格低。同一天，伯利恒利恒钢铁价格记在"常规回档"栏中，因为新价比先前记在"常规回档"栏的最后价格要低。

8月24日，美国钢铁和伯利恒利恒钢铁的价格都记在"常规反弹"栏中（参见规则说明6-d）。

8月29日，美国钢铁和伯利恒利恒钢铁的价格都记在"次级回档"栏中（参见规则说明6-h）。

表 4（7.30—9.10）

日期	美国钢铁						伯利恒钢铁						价格组合					
1938	次级反弹	常规反弹	上升趋势	下降趋势	常规回档	次级回档	次级反弹	常规反弹	上升趋势	下降趋势	常规回档	次级回档	次级反弹	常规反弹	上升趋势	下降趋势	常规回档	次级回档
7.30六			$61\frac{3}{4}$						$62\frac{1}{2}$						$124\frac{1}{4}$			
8.1					$55\frac{1}{2}$						$56\frac{3}{4}$						$112\frac{1}{4}$	
8.2			$63\frac{1}{4}$						$63\frac{1}{8}$						$126\frac{3}{8}$			
8.3																		
8.4																		
8.5																		
8.6六																		
8.8																		
8.9																		

	次级回档	常规回档	下降趋势	上升趋势	常规反弹	次级反弹	次级回档	常规回档	下降趋势	上升趋势	常规反弹	次级反弹	次级回档	常规回档	下降趋势	上升趋势	常规反弹	次级反弹
8.10																		
8.11																		
8.12		$111\frac{1}{2}$						$54\frac{7}{8}$					$56\frac{5}{8}$					
8.13六		$111\frac{1}{8}$						$54\frac{5}{8}$					$56\frac{1}{2}$					
8.15																		
8.16																		
8.17																		
8.18																		
8.19																		
8.20六																		
8.22																		
8.23																		
8.24					123						$61\frac{3}{8}$						$61\frac{5}{8}$	
8.25																		
8.26					$123\frac{3}{8}$						$61\frac{1}{2}$						$61\frac{7}{8}$	

日期	次级回档	常规回档	下降趋势	上升趋势	常规反弹	次级反弹	次级回档	常规回档	下降趋势	上升趋势	常规反弹	次级反弹	次级回档	常规回档	下降趋势	上升趋势	常规反弹	次级反弹
8.27六																		
8.29		—					55						$56\frac{1}{8}$					
8.30																		
8.31																		
9.1																		
9.2																		
9.3六																		
9.6																		
9.7																		
9.8																		
9.9																		
9.10六																		

9月14日，美国钢铁价格记在"下降趋势"栏中（参见规则说明5-b）。同一天，伯利恒钢铁的新价记在"常规回档"栏中，因为它没有达到比先前用红色下画线标记的价格低3个点的程度。

9月20日，美国钢铁和伯利恒钢铁的价格都记在"常规反弹"栏中（美国钢铁参见规则说明6-c，伯利恒钢铁参见规则说明6-d）。

9月24日，美国钢铁价格用红钢笔记在"下降趋势"栏中。

9月29日，美国钢铁和伯利恒钢铁价格用黑钢笔记在"次级反弹"栏中（参见规则说明6-g）。

10月5日，美国钢铁价格用黑钢笔记在"上升趋势"栏中（参见规则说明5-a）。

10月8日，伯利恒钢铁价格用黑钢笔记在"上升趋势"栏中（参见规则说明6-d）。

表 5（9.12—10.24）

日期	美国钢铁						伯利恒钢铁						价格组合					
	次级反弹	常规反弹	上升趋势	下降趋势	常规回档	次级回档	次级反弹	常规反弹	上升趋势	下降趋势	常规回档	次级回档	次级反弹	常规反弹	上升趋势	下降趋势	常规回档	次级回档
9.12			**$63\frac{1}{4}$**						**$63\frac{1}{8}$**						**$126\frac{3}{8}$**			
9.13					$55\frac{1}{2}$						$54\frac{5}{8}$						$111\frac{1}{8}$	
9.14		$61\frac{7}{8}$						$61\frac{1}{2}$						$123\frac{3}{8}$				
9.15						$56\frac{1}{8}$						55						
9.16					$54\frac{1}{4}$													
9.17 六											$53\frac{5}{8}$						$107\frac{7}{8}$	
9.19				52							$52\frac{1}{2}$					$104\frac{1}{2}$		
9.20		$57\frac{5}{8}$						$58\frac{1}{4}$										

（1938）

续表

日期	次级反弹	常规反弹	上升趋势	下降趋势	常规回档	次级回档	次级反弹	常规反弹	上升趋势	下降趋势	常规回档	次级回档	次级反弹	常规反弹	上升趋势	下降趋势	常规回档	次级回档
9.21		$\underline{58}$												$\underline{116\frac{1}{4}}$				
9.22																		
9.23																		
9.24六				$51\frac{7}{8}$							52					$103\frac{7}{8}$		
9.26				$51\frac{1}{8}$							$51\frac{1}{4}$					$102\frac{3}{8}$		
9.27																		
9.28	$57\frac{1}{8}$			$\underline{50\frac{7}{8}}$							$\underline{51}$					$\underline{101\frac{7}{8}}$		
9.29							$57\frac{3}{4}$						$114\frac{7}{8}$					
9.30		$59\frac{1}{4}$						$59\frac{1}{2}$						$118\frac{3}{4}$				
10.1六		$60\frac{1}{4}$						60						$120\frac{1}{4}$				
10.3		$60\frac{3}{8}$						$60\frac{3}{8}$						$120\frac{3}{4}$				
10.4																		
10.5			**62**					62							**124**			
10.6			**63**					63							**126**			

日期	次级反弹	常规反弹	上升趋势	下降趋势	常规回档	次级回档	次级反弹	常规反弹	上升趋势	下降趋势	常规回档	次级回档	次级反弹	常规反弹	上升趋势	下降趋势	常规回档	次级回档
10.7																		
10.8六			$64\frac{1}{4}$						64						$128\frac{1}{4}$			
10.10																		
10.11																		
10.13			$65\frac{3}{8}$						$65\frac{1}{8}$						$130\frac{1}{2}$			
10.14																		
10.15六																		
10.17																		
10.18																		
10.19																		
10.20																		
10.21																		
10.22六			$65\frac{7}{8}$						$67\frac{1}{2}$						$133\frac{3}{8}$			
10.24			66												$133\frac{1}{2}$			

122

11 月 18 日，美国钢铁和伯利利恒钢铁价格记在"常规回档"栏中（参见规则说明 6-a）。

表 6 （10.25—12.8）

日期	美国钢铁						伯利恒钢铁						价格组合					
	次级反弹	常规反弹	上升趋势	下降趋势	常规回档	次级回档	次级反弹	常规反弹	上升趋势	下降趋势	常规回档	次级回档	次级反弹	常规反弹	上升趋势	下降趋势	常规回档	次级回档
1938			66						$67\frac{1}{2}$						$133\frac{1}{2}$			
10.25			$66\frac{1}{8}$						$67\frac{7}{8}$						134			
10.26																		
10.27			$66\frac{1}{2}$						$68\frac{7}{8}$						$135\frac{3}{8}$			
10.28																		
10.29六																		
10.31																		
11.1									69						$135\frac{1}{2}$			
11.2																		
11.3									$69\frac{1}{2}$						136			

日期	次级反弹	常规反弹	上升趋势	下降趋势	常规回档	次级回档	次级反弹	常规反弹	上升趋势	下降趋势	常规回档	次级回档	次级反弹	常规反弹	上升趋势	下降趋势	常规回档	次级回档
11.4																		
11.5六																		
11.7			$66\frac{3}{4}$						$71\frac{7}{8}$						$138\frac{5}{8}$			
11.9			$69\frac{1}{2}$						$75\frac{3}{8}$						$144\frac{7}{8}$			
11.10			70						$75\frac{1}{2}$						$145\frac{1}{2}$			
11.12六			$\underline{71\frac{1}{4}}$						$\underline{77\frac{5}{8}}$						$\underline{148\frac{7}{8}}$			
11.14																		
11.15																		
11.16																		
11.17																		
11.18					$65\frac{1}{8}$						$71\frac{7}{8}$						137	
11.19六																		
11.21																		
11.22																		
11.23																		

日期	次级回档	常规回档	下降趋势	上升趋势	常规反弹	次级反弹	次级回档	常规回档	下降趋势	上升趋势	常规反弹	次级反弹	次级回档	常规回档	下降趋势	上升趋势	常规反弹	次级反弹
11.25																		
11.26 六		$134\frac{3}{4}$						$71\frac{1}{2}$						$63\frac{1}{4}$				
11.28		$129\frac{3}{4}$						$68\frac{3}{4}$						61				
11.29																		
11.30																		
12.1																		
12.2																		
12.3 六																		
12.5																		
12.6																		
12.7																		
12.8																		

12 月 14 日，美国钢铁和伯利恒钢铁价格记在 "常规反弹" 栏中（参见规则说明 6-d）。

12 月 28 日，伯利恒钢铁价格用黑钢笔记在 "上升趋势" 栏中，比先前记在该栏的最后价格要高。

1939 年 1 月 4 日，根据利弗莫尔法则，市场正在形成转向（参见规则说明 10-a 和 10-b）。

1 月 12 日，美国钢铁和伯利恒钢铁价格记在 "次级回档" 栏中（参见规则说明 6-h）。

表 7（12.9—1.21）

日期	美国钢铁						伯利恒钢铁						价格组合					
	次级反弹	常规反弹	上升趋势	下降趋势	常规回档	次级回档	次级反弹	常规反弹	上升趋势	下降趋势	常规回档	次级回档	次级反弹	常规反弹	上升趋势	下降趋势	常规回档	次级回档
1938																		
12.9			$71\frac{1}{4}$						$77\frac{5}{8}$						$148\frac{7}{8}$			
12.10六					61						$68\frac{3}{4}$						$129\frac{3}{4}$	
12.12																		
12.13																		
12.14		$66\frac{5}{8}$						$75\frac{1}{4}$						$141\frac{7}{8}$				
12.15		$67\frac{1}{8}$						$76\frac{3}{8}$						$143\frac{1}{2}$				
12.16																		
12.17六																		
12.19																		

128

日期	次级反弹	常规反弹	上升趋势	下降趋势	常规回档	次级回档	次级反弹	常规反弹	上升趋势	下降趋势	常规回档	次级回档	次级反弹	常规反弹	上升趋势	下降趋势	常规回档	次级回档
12.20																		
12.21																		
12.22																		
12.23																		
12.24六																		
12.27		$145\frac{3}{4}$																
12.28									78					$67\frac{3}{4}$				
12.29																		
12.30																		
12.31六																		
(1939) 1.3																		
1.4			__150__						__80__					70				
1.5																		
1.6																		
1.7六																		
1.9																		

	次级反弹	常规反弹	上升趋势	下降趋势	常规回档	次级回档	次级反弹	常规反弹	上升趋势	下降趋势	常规回档	次级回档	次级反弹	常规反弹	上升趋势	下降趋势	常规回档	次级回档
1.10																		
1.11																		
1.12						$62\frac{5}{8}$						$73\frac{3}{4}$						$134\frac{1}{8}$
1.13												$71\frac{1}{2}$						
1.14 六																		
1.16																		
1.17																		
1.18																		
1.19																		
1.20																		
1.21 六						62						$69\frac{1}{2}$						$131\frac{1}{2}$

1月23日，美国钢铁和伯利恒钢铁价格记在"下降趋势"栏中（参见规则说明5-b）。

1月31日，美国钢铁和伯利恒钢铁价格记在"常规反弹"栏中（参见规则说明6-c和4-c）。

表 8（1.23—3.6）

日期	美国钢铁						伯利恒钢铁						价格组合					
	次级反弹	常规反弹	上升趋势	下降趋势	常规回档	次级回档	次级反弹	常规反弹	上升趋势	下降趋势	常规回档	次级回档	次级反弹	常规反弹	上升趋势	下降趋势	常规回档	次级回档
1939			71¼						77⅝						148⅞			
					61						68¾						129¾	
		70						80							150			
						62						69½						131½
1.23				57⅞						63¾						121⅝		
1.24				56½						63¼						119¾		
1.25				55⅝						63						118⅝		
1.26				53¼						60¼						113½		
1.27																		
1.28六																		
1.30																		
1.31		59½						68½						128				

日期	次级反弹	常规反弹	上升趋势	下降趋势	常规回档	次级回档	次级反弹	常规反弹	上升趋势	下降趋势	常规回档	次级回档	次级反弹	常规反弹	上升趋势	下降趋势	常规回档	次级回档
2.1																		
2.2		60												$128\frac{1}{2}$				
2.3																		
2.4六		$60\frac{5}{8}$						69						$129\frac{5}{8}$				
2.6								$69\frac{7}{8}$						$130\frac{3}{4}$				
2.7																		
2.8																		
2.9																		
2.10																		
2.11六																		
2.14																		
2.15																		
2.16								$70\frac{3}{4}$						$131\frac{5}{8}$				
2.17		$61\frac{1}{8}$						$71\frac{1}{4}$						$132\frac{3}{8}$				
2.18六		$61\frac{1}{4}$												$132\frac{1}{2}$				

续表

日期	次级反弹	常规反弹	上升趋势	下降趋势	常规回档	次级回档	次级反弹	常规反弹	上升趋势	下降趋势	常规回档	次级回档	次级反弹	常规反弹	上升趋势	下降趋势	常规回档	次级回档
2.20																		
2.21																		
2.22																		
2.23																		
2.24		$62\frac{1}{4}$						$72\frac{3}{8}$						$134\frac{5}{8}$				
2.25六		$63\frac{3}{4}$						$74\frac{3}{4}$						$138\frac{1}{2}$				
2.27																		
2.28		$64\frac{3}{4}$						75						$139\frac{3}{4}$				
3.1																		
3.2																		
3.3		$64\frac{7}{8}$						$75\frac{1}{4}$						$140^{[1]}$				
3.4六								$75\frac{1}{2}$						$140\frac{3}{8}$				
3.6																		

[1] 该行记录略有问题，但确为利弗莫尔手稿。

134

3 月 16 日，美国钢铁和伯利恒钢铁价格记在"常规回档"栏中（参见规则说明 6–b）。

3 月 30 日，美国钢铁价格记在"下降趋势"栏中，因为它比先前记在"下降趋势"栏中的最低价格更低。

3 月 31 日，伯利恒钢铁价格记在"下降趋势"栏中，因为它比先前记在"下降趋势"栏中的最低价格更低。

4 月 15 日，美国钢铁和伯利恒钢铁价格记在"常规反弹"栏中（参见规则说明 6–c）。

表 9 （3.8—4.19）

日期	美国钢铁						伯利恒钢铁						价格组合					
	次级反弹	常规反弹	上升趋势	下降趋势	常规回档	次级回档	次级反弹	常规反弹	上升趋势	下降趋势	常规回档	次级回档	次级反弹	常规反弹	上升趋势	下降趋势	常规回档	次级回档
1939		$64\frac{7}{8}$		$53\frac{1}{4}$				$75\frac{1}{2}$		$60\frac{1}{4}$				$140\frac{3}{8}$		$113\frac{1}{2}$		
3.8		65												$140\frac{1}{2}$				
3.9		$65\frac{1}{2}$						$75\frac{7}{8}$						$141\frac{3}{8}$				
3.10																		
3.11六																		
3.13																		
3.14																		
3.15																		
3.16					$59\frac{5}{8}$						$69\frac{1}{4}$						$128\frac{7}{8}$	
3.17					$56\frac{3}{4}$						$66\frac{3}{4}$						$123\frac{1}{2}$	

续表

日期	次级反弹	常规反弹	上升趋势	下降趋势	常规回档	次级回档	次级反弹	常规反弹	上升趋势	下降趋势	常规回档	次级回档	次级反弹	常规反弹	上升趋势	下降趋势	常规回档	次级回档
3.18六					$54\frac{3}{4}$						65						$119\frac{3}{4}$	
3.20																		
3.21																		
3.22					$53\frac{1}{2}$						$63\frac{5}{8}$						$117\frac{1}{8}$	
3.23																		
3.24																		
3.25六																		
3.27																		
3.28																		
3.29																		
3.30				$52\frac{1}{8}$							62						$114\frac{1}{8}$	
3.31				$49\frac{7}{8}$						$58\frac{3}{4}$						$108\frac{5}{8}$		
4.1六																		
4.3																		
4.4				$48\frac{1}{4}$						$57\frac{5}{8}$						$105\frac{7}{8}$		

日期	次级反弹	常规反弹	上升趋势	下降趋势	常规回档	次级回档	次级反弹	常规反弹	上升趋势	下降趋势	常规回档	次级回档	次级反弹	常规反弹	上升趋势	下降趋势	常规回档	次级回档
4.5																		
4.6				$47\frac{1}{4}$						$55\frac{1}{2}$						$102\frac{3}{4}$		
4.8六				$44\frac{7}{8}$						$52\frac{1}{2}$						$97\frac{3}{8}$ [1]		
4.10																		
4.11				$\underline{44\frac{3}{8}}$						$\underline{51\frac{5}{8}}$						$\underline{96}$		
4.12																		
4.13																		
4.14																		
4.15六		$\underline{50}$						$\underline{58\frac{1}{2}}$						$108\frac{1}{2}$				
4.17																		
4.18																		
4.19																		

[1] 该行记录略有问题，但确为利弗莫尔手稿。

5月17日，美国钢铁和伯利恒钢铁价格记在"常规回档"栏中。第二天，也就是5月18日，美国钢铁的价格记在"下降趋势"栏中（参见规则说明6-e）。又过了一天，也就是5月19日，伯利恒钢铁的"下降趋势"栏中出现一条红线，表示新价和"下降趋势"栏的最后价格相同。

5月25日，美国钢铁和伯利恒钢铁价格都记在"次级反弹"栏中（参见规则说明6-g）。

表 10（4.20—6.1）

日期	次级反弹	常规反弹	上升趋势	下降趋势	常规回档	次级回档	次级反弹	常规反弹	上升趋势	下降趋势	常规回档	次级回档	次级反弹	常规反弹	上升趋势	下降趋势	常规回档	次级回档
1939		50		$44\frac{3}{8}$				$58\frac{1}{2}$		$51\frac{5}{8}$				$108\frac{1}{2}$		96		
			美国钢铁						伯利恒钢铁						价格组合			
4.20																		
4.21																		
4.22六																		
4.24																		
4.25																		
4.26																		
4.27																		
4.28																		
4.29六																		
5.1																		

日期	次级反弹	常规反弹	上升趋势	下降趋势	常规回档	次级回档	次级反弹	常规反弹	上升趋势	下降趋势	常规回档	次级回档	次级反弹	常规反弹	上升趋势	下降趋势	常规回档	次级回档
5.2																		
5.3																		
5.4																		
5.5																		
5.6六																		
5.8																		
5.9																		
5.10																		
5.11																		
5.12																		
5.13六																		
5.15																		
5.16																		
5.17					$44\frac{5}{8}$						52						$96\frac{5}{8}$	
5.18				$43\frac{1}{4}$												$95\frac{1}{4}$		
5.19										—						$94\frac{7}{8}$		

141

日期	次级反弹	常规反弹	上升趋势	下降趋势	常规回档	次级回档	次级反弹	常规反弹	上升趋势	下降趋势	常规回档	次级回档	次级反弹	常规反弹	上升趋势	下降趋势	常规回档	次级回档
5.20六																		
5.22																		
5.23																		
5.24																		
5.25	$48\frac{3}{4}$						$57\frac{3}{4}$						$106\frac{1}{2}$					
5.26	49						58						107					
5.27六	$49\frac{5}{8}$							—					$107\frac{7}{8}$					
5.29		$50\frac{1}{4}$						$59\frac{3}{8}$						$109\frac{5}{8}$				
5.31		$50\frac{7}{8}$						$\underline{60}$						$110\frac{7}{8}$				
6.1																		

142

6月16日，伯利恒钢铁价格记在"常规回档"栏中（参见规则说明 6-b）。

6月28日，美国钢铁价格记在"常规回档"栏中（参见规则说明 6-b）。

6月29日，伯利恒钢铁价格记在"下降趋势"栏中，因为它比"下降趋势"栏中的最后价格更低。

7月13日，美国钢铁和伯利恒钢铁价格记在"次级反弹"栏中（参见规则说明 6-g）。

表 11（6.2—7.14）

日期	美国钢铁 次级反弹	美国钢铁 常规反弹	美国钢铁 上升趋势	美国钢铁 下降趋势	美国钢铁 常规回档	美国钢铁 次级回档	伯利恒钢铁 次级反弹	伯利恒钢铁 常规反弹	伯利恒钢铁 上升趋势	伯利恒钢铁 下降趋势	伯利恒钢铁 常规回档	伯利恒钢铁 次级回档	价格组合 次级反弹	价格组合 常规反弹	价格组合 上升趋势	价格组合 下降趋势	价格组合 常规回档	价格组合 次级回档
1939 日期																		
6.2		50		$44\frac{3}{8}$				$58\frac{1}{2}$		$51\frac{5}{8}$				$108\frac{1}{2}$		96		
6.3 六				$43\frac{1}{4}$						$—$						$94\frac{7}{8}$		
6.5		$50\frac{7}{8}$						60						$110\frac{7}{8}$				
6.6																		
6.7																		
6.8																		
6.9																		
6.10 六																		
6.12																		

日期	次级反弹	常规反弹	上升趋势	下降趋势	常规回档	次级回档	次级反弹	常规反弹	上升趋势	下降趋势	常规回档	次级回档	次级反弹	常规反弹	上升趋势	下降趋势	常规回档	次级回档
6.13																		
6.14																		
6.15																		
6.16											54							
6.17六																		
6.19																		
6.20																		
6.21																		
6.22																		
6.23																		
6.24六																		
6.26																		
6.27																		
6.28					45						$52\frac{1}{2}$						$97\frac{1}{2}$	
6.29					$43\frac{3}{4}$					51						$94\frac{3}{4}$		
6.30					$43\frac{5}{8}$					$\underline{50\frac{1}{4}}$						$\underline{93\frac{7}{8}}$		

续表

	次级回档	常规回档	下降趋势	上升趋势	常规反弹	次级反弹	次级回档	常规回档	下降趋势	上升趋势	常规反弹	次级反弹	次级回档	常规回档	下降趋势	上升趋势	常规反弹	次级反弹
7.1																		
7.3																		
7.5																		
7.6																		
7.7																		
7.8六																		
7.10																		
7.11																		
7.12																		
7.13						$105\frac{1}{2}$						$57\frac{1}{4}$						$48\frac{1}{4}$
7.14																		

7月21日，伯利恒钢铁价格记在"上升趋势"栏中；第二天，也就是7月22日，美国钢铁价格记在"上升趋势"栏中（参见规则说明5-a）。

8月4日，美国钢铁和伯利恒钢铁价格记在"常规回档"栏中（参见规则说明4-a）。

8月23日，美国钢铁价格记在"下降趋势"栏中，因为它比先前记在"下降趋势"栏中的最低价格更低。

表 12（7.15—8.25）

日期	美国钢铁						伯利恒钢铁						价格组合					
	次级反弹	常规反弹	上升趋势	下降趋势	常规回档	次级回档	次级反弹	常规反弹	上升趋势	下降趋势	常规回档	次级回档	次级反弹	常规反弹	上升趋势	下降趋势	常规回档	次级回档
1939	$48\frac{1}{4}$						$57\frac{1}{4}$						$105\frac{1}{2}$					
7.15六		$50\frac{7}{8}$						60						$110\frac{7}{8}$				
7.17	$50\frac{3}{4}$							$60\frac{3}{8}$						$111\frac{1}{8}$				
7.18		$51\frac{7}{8}$						62						$113\frac{7}{8}$				
7.19				$43\frac{1}{4}$						$51\frac{5}{8}$						$94\frac{7}{8}$		
7.20					$43\frac{5}{8}$					$50\frac{1}{4}$						$93\frac{7}{8}$		
7.21		$52\frac{1}{2}$							63					$115\frac{1}{2}$				
7.22六			$54\frac{1}{8}$						65						$119\frac{1}{8}$			
7.24																		

148

日期	次级反弹	常规反弹	上升趋势	下降趋势	常规回档	次级回档	次级反弹	常规反弹	上升趋势	下降趋势	常规回档	次级回档	次级反弹	常规反弹	上升趋势	下降趋势	常规回档	次级回档
7.25			$55\frac{1}{8}$						$65\frac{3}{4}$						$120\frac{7}{8}$			
7.26																		
7.27																		
7.28																		
7.29六																		
7.31																		
8.1																		
8.2																		
8.3																		
8.4					$49\frac{1}{2}$						$59\frac{1}{2}$						109	
8.5六																		
8.7					$49\frac{1}{4}$												$108\frac{3}{4}$	
8.8																		
8.9											59						$108\frac{1}{4}$	
8.10					$47\frac{3}{4}$						58						$105\frac{3}{4}$	

149

日期	次级反弹	常规反弹	上升趋势	下降趋势	常规回档	次级回档	次级反弹	常规反弹	上升趋势	下降趋势	常规回档	次级回档	次级反弹	常规反弹	上升趋势	下降趋势	常规回档	次级回档
8.11					47												105	
8.12六																		
8.14																		
8.15																		
8.16																		
8.17					$46\frac{1}{2}$						$55\frac{1}{8}$						$104\frac{1}{2}$	
8.18					45												$100\frac{1}{8}$	
8.19六																		
8.21					$43\frac{3}{8}$						$53\frac{3}{8}$						$96\frac{3}{4}$	
8.22																		
8.23				$42\frac{5}{8}$													96	
8.24				$41\frac{5}{8}$							$51\frac{7}{8}$					$93\frac{1}{2}$		
8.25																		

8月29日，美国钢铁和伯利恒钢铁价格记在"常规反弹"栏中（参见规则说明6-d）。

9月2日，美国钢铁和伯利恒钢铁价格记在"上升趋势"栏中，因为它们比先前记在"上升趋势"栏中的最高价格更高。

9月14日，美国钢铁和伯利恒钢铁价格记在"常规回档"栏中（参见规则说明6-a和4-a）。

9月19日，美国钢铁和伯利恒钢铁价格记在"常规反弹"栏中（参见规则说明6-d和4-b）。

9月28日，美国钢铁和伯利恒钢铁价格记在"次级回档"栏中（参见规则说明6-h）。

10月6日，美国钢铁和伯利恒钢铁价格记在"次级反弹"栏中（参见规则说明6-g）。

表 13（8.26—10.7）

日期	美国钢铁						伯利恒钢铁						价格组合					
	次级反弹	常规反弹	上升趋势	下降趋势	常规回档	次级回档	次级反弹	常规反弹	上升趋势	下降趋势	常规回档	次级回档	次级反弹	常规反弹	上升趋势	下降趋势	常规回档	次级回档
1939																		
8.26六			$55\frac{1}{8}$	$43\frac{1}{4}$					$65\frac{3}{4}$	$50\frac{1}{4}$					$120\frac{7}{8}$	$93\frac{7}{8}$		
8.28				$41\frac{5}{8}$												$93\frac{1}{2}$		
8.29		48						$60\frac{1}{2}$						$108\frac{1}{2}$				
8.30																		
8.31											$51\frac{7}{8}$							
9.1		52						$65\frac{1}{2}$						$117\frac{1}{2}$				
9.2六			$55\frac{1}{4}$						$70\frac{3}{8}$						$125\frac{5}{8}$			
9.5			$66\frac{7}{8}$						$85\frac{1}{2}$						$152\frac{3}{8}$			

日期	次级反弹	常规反弹	上升趋势	下降趋势	常规回档	次级回档	次级反弹	常规反弹	上升趋势	下降趋势	常规回档	次级回档	次级反弹	常规反弹	上升趋势	下降趋势	常规回档	次级回档
9.6																		
9.7																		
9.8			$69\frac{3}{4}$						87						$156\frac{3}{4}$			
9.9六			70						$88\frac{3}{4}$						$158\frac{3}{4}$			
9.11			$78\frac{5}{8}$						<u>100</u>						$178\frac{5}{8}$			
9.12			<u>$82\frac{3}{4}$</u>												<u>$182\frac{3}{4}$</u>			
9.13																		
9.14					$76\frac{3}{8}$						$91\frac{3}{4}$						$168\frac{1}{8}$	
9.15																		
9.16六					$75\frac{1}{2}$													
9.18					<u>$70\frac{1}{2}$</u>			$92\frac{3}{8}$			$88\frac{3}{8}$							
9.19		78									<u>$83\frac{3}{4}$</u>			$170\frac{3}{8}$			$163\frac{7}{8}$	
9.20		$80\frac{5}{8}$						$95\frac{5}{8}$						$176\frac{1}{4}$			<u>$154\frac{1}{4}$</u>	
9.21																		

续表

日期	次级回档	常规回档	下降趋势	上升趋势	常规反弹	次级反弹	次级回档	常规回档	下降趋势	上升趋势	常规反弹	次级反弹	次级回档	常规回档	下降趋势	上升趋势	常规反弹	次级反弹
9.22																		
9.23六																		
9.25																		
9.26																		
9.27																		
9.28	$164\frac{1}{8}$						89						$75\frac{1}{8}$					
9.29	$160\frac{1}{4}$						$86\frac{3}{4}$						$73\frac{1}{2}$					
9.30六																		
10.2																		
10.3																		
10.4	$159\frac{1}{4}$						$86\frac{1}{4}$						73					
10.5						$171\frac{1}{4}$						$92\frac{3}{4}$						
10.6																		$78\frac{1}{2}$
10.7六																		

11 月 3 日，美国钢铁价格记在"次级回档"栏中，因为它比之前记在该栏中的最后价格还要低。

11 月 9 日，美国钢铁价格的"常规回档"栏内填入了一根短横线，因为新价和"常规回档"栏最新记录相同。同一天，伯利恒钢铁价格记在"常规回档"栏中，因为新价低于该栏内先前记录的最后价格。

155

表 14（10.9—11.22）

日期	美国钢铁						伯利恒钢铁						价格组合					
1939	次级反弹	常规反弹	上升趋势	下降趋势	常规回档	次级回档	次级反弹	常规反弹	上升趋势	下降趋势	常规回档	次级回档	次级反弹	常规反弹	上升趋势	下降趋势	常规回档	次级回档
1939			**$82\frac{3}{4}$**						**100**						**$182\frac{3}{4}$**			
10.9					$70\frac{1}{2}$						$83\frac{3}{4}$						$154\frac{1}{4}$	
10.10		$80\frac{5}{8}$						$95\frac{5}{8}$						$176\frac{1}{4}$				
10.11						73						$86\frac{1}{4}$						$159\frac{1}{4}$
10.13	$78\frac{1}{2}$						$92\frac{3}{4}$						$171\frac{1}{4}$					
10.14 六																		
10.16																		
10.17	$78\frac{7}{8}$						$93\frac{7}{8}$						$172\frac{3}{4}$					
10.18	$79\frac{1}{4}$												$173\frac{1}{8}$					

	次级反弹	常规反弹	上升趋势	下降趋势	常规回档	次级回档	次级反弹	常规反弹	上升趋势	下降趋势	常规回档	次级回档	次级反弹	常规反弹	上升趋势	下降趋势	常规回档	次级回档
10.19																		
10.20																		
10.21六																		
10.23																		
10.24																		
10.25																		
10.26																		
10.27																		
10.28六																		
10.30																		
10.31																		
11.1																		
11.2						$72\frac{1}{2}$												
11.3																		
11.4六																		
11.6																		

日期	次级反弹	常规反弹	上升趋势	下降趋势	常规回档	次级回档	次级反弹	常规反弹	上升趋势	下降趋势	常规回档	次级回档	次级反弹	常规反弹	上升趋势	下降趋势	常规回档	次级回档
11.8						$72\frac{1}{8}$						$86\frac{1}{8}$						$158\frac{1}{4}$
11.9					—						$83\frac{1}{4}$						$153\frac{3}{4}$	
11.10					$68\frac{3}{4}$						$81\frac{3}{4}$						$150\frac{1}{2}$	
11.13																		
11.14																		
11.15																		
11.16																		
11.17																		
11.18六																		
11.20																		
11.21																		
11.22																		

11 月 24 日，美国钢钢铁价格记在"下降趋势"栏中（参见规则说明 6-e）；第二天，也就是 11 月 25 日，伯利恒钢铁价格记在"下降趋势"栏内（参见规则说明 6-e）。

12 月 7 日，美国钢铁和伯利恒钢铁价格记在"常规反弹"栏中（参见规则说明 6-c）。

表 15（11.24－1.6）

日期	美国钢铁						伯利恒钢铁						价格组合					
	次级反弹	常规反弹	上升趋势	下降趋势	常规回档	次级回档	次级反弹	常规反弹	上升趋势	下降趋势	常规回档	次级回档	次级反弹	常规反弹	上升趋势	下降趋势	常规回档	次级回档
1939			$\underline{82\frac{3}{4}}$						$\underline{100}$						$\underline{182\frac{3}{4}}$			
		$80\frac{5}{8}$			$70\frac{1}{2}$			$95\frac{5}{8}$			$83\frac{3}{4}$			$176\frac{1}{4}$			$154\frac{1}{4}$	
					$68\frac{3}{4}$						$81\frac{3}{4}$						$150\frac{1}{2}$	
11.24				$66\frac{7}{8}$							81					$147\frac{7}{8}$		
11.25六										$80\frac{3}{4}$						$147\frac{5}{8}$		
11.27																		
11.28																		
11.29				$65\frac{7}{8}$						$78\frac{1}{8}$						144		
11.30				$\underline{63\frac{5}{8}}$						$\underline{77}$						$\underline{140\frac{5}{8}}$		
12.1																		
12.2六																		

160

日期	次级反弹	常规反弹	上升趋势	下降趋势	常规回档	次级回档	次级反弹	常规反弹	上升趋势	下降趋势	常规回档	次级回档	次级反弹	常规反弹	上升趋势	下降趋势	常规回档	次级回档
12.4																		
12.5																		
12.6																		
12.7		$69\frac{3}{4}$						84						$153\frac{3}{4}$				
12.8																		
12.9六																		
12.11																		
12.12																		
12.13																		
12.14								$84\frac{7}{8}$						$154\frac{5}{8}$				
12.15																		
12.16六																		
12.18																		
12.19																		
12.20																		
12.21																		

续表

	次级反弹	常规反弹	上升趋势	下降趋势	常规回档	次级回档	次级反弹	常规反弹	上升趋势	下降趋势	常规回档	次级回档	次级反弹	常规反弹	上升趋势	下降趋势	常规回档	次级回档
12.22																		
12.23六																		
12.26																		
12.27																		
12.28																		
12.29																		
12.30六																		
(1940)1.2																		
1.3																		
1.4																		
1.5																		
1.6六																		

1940 年 1 月 9 日，美国钢铁和伯利恒钢铁价格记在"常规回档"栏中（参见规则说明 6–b）。

1 月 11 日，美国钢铁和伯利恒钢铁价格记在"下降趋势"栏中，因为它们比记在"下降趋势"栏中的最后价格更低。

2 月 7 日，伯利恒钢铁价格记在"常规反弹"栏中，这是它第一天突破 6 个点的限制要求。第二天，美国钢铁、伯利恒钢铁价格，以及组合价格，都记在"常规反弹"栏中，后两个的上涨幅度已经达到了值得记的程度。

表 16（1.8—2.19）

日期	美国钢铁						伯利恒钢铁						价格组合					
1940	次级反弹	常规反弹	上升趋势	下降趋势	常规回档	次级回档	次级反弹	常规反弹	上升趋势	下降趋势	常规回档	次级回档	次级反弹	常规反弹	上升趋势	下降趋势	常规回档	次级回档
1.8				$63\frac{5}{8}$						77						$140\frac{5}{8}$		
1.9		$69\frac{3}{4}$						$84\frac{7}{8}$						$154\frac{5}{8}$				
1.10					$64\frac{1}{4}$						$78\frac{1}{2}$						$142\frac{3}{4}$	
1.11					$63\frac{3}{4}$												$142\frac{1}{4}$	
1.12				62						$76\frac{1}{2}$						$138\frac{1}{2}$		
1.13 六				$60\frac{1}{8}$						$74\frac{1}{8}$						$134\frac{1}{4}$		
1.15				$59\frac{5}{8}$						$73\frac{1}{2}$						$133\frac{1}{8}$		
1.16				$57\frac{1}{2}$						72						$129\frac{1}{2}$		

164

续表

日期	次级反弹	常规反弹	上升趋势	下降趋势	常规回档	次级回档	次级反弹	常规反弹	上升趋势	下降趋势	常规回档	次级回档	次级反弹	常规反弹	上升趋势	下降趋势	常规回档	次级回档
1.17																		
1.18				$56\frac{7}{8}$						$71\frac{1}{2}$						$128\frac{3}{8}$		
1.19										71						$127\frac{7}{8}$		
1.20六																		
1.22				$55\frac{7}{8}$						$70\frac{1}{8}$						126		
1.23																		
1.24																		
1.25																		
1.26																		
1.27六																		
1.29																		
1.30																		
1.31																		
2.1																		
2.2																		
2.3六																		

	次级反弹	常规反弹	上升趋势	下降趋势	常规回档	次级回档	次级反弹	常规反弹	上升趋势	下降趋势	常规回档	次级回档	次级反弹	常规反弹	上升趋势	下降趋势	常规回档	次级回档
2.5																		
2.6																		
2.7								$76\frac{3}{8}$										
2.8		61						78						139				
2.9		$61\frac{3}{4}$						$79\frac{1}{2}$						$141\frac{1}{4}$				
2.10六																		
2.13																		
2.14																		
2.15																		
2.16					$56\frac{1}{8}$													
2.17六																		
2.19